I0477491

Forex Trading

¡10 Pasos de Oro y Estrategias de Inversión en Forex para Convertirse en un Comerciante Rentable en Cuestión de Una Semana! Utilizado en el Swing Trading, Momentum Trading, Trading Intradiario, Scalping Trading, Trading de Opciones y Bolsa de Valores!

El siguiente libro electrónico se reproduce a continuación con el objetivo de proporcionar información lo más precisa y confiable posible. En cualquier caso, la compra de este libro electrónico puede considerarse como un consentimiento para el hecho de que tanto el editor como el autor de este libro no son expertos en los temas tratados y que las recomendaciones o sugerencias que se hacen aquí son solo para fines de entretenimiento. Se debe consultar a los profesionales, según sea necesario, antes de emprender cualquiera de las acciones aprobadas en este documento.

Esta declaración se considera justa y válida tanto por la Asociación de Abogados de EE. UU. como por el Comité de la Asociación de Editores y es legalmente vinculante en todo Estados Unidos.

Además, la transmisión, duplicación o reproducción de cualquiera de los siguientes trabajos, incluida la información específica, se considerará un acto ilegal, independientemente de si se realiza de manera electrónica o impresa. Esto se extiende a la creación de una copia secundaria o terciaria del trabajo o una copia grabada y solo se permite con el consentimiento expreso por escrito del Editor. Todos los derechos adicionales son reservados.

La información en las páginas siguientes se considera en términos generales como una cuenta veraz y precisa de los hechos y, como tal, cualquier falta de atención, uso o mal uso de la información en cuestión por parte del lector rendirá cualquier acción resultante únicamente bajo su alcance. No hay escenarios en los que el editor o el autor original de este trabajo pueda ser considerado responsable de cualquier dificultad o daño que pueda ocurrir después de comprometerse con la información aquí descrita.

Además, la información en las páginas siguientes está destinada solo para fines informativos y, por lo tanto, debe considerarse universal. Como corresponde a su naturaleza, se presenta sin garantía de su validez prolongada o calidad provisional. Las marcas comerciales que se mencionan se lo realiza sin consentimiento por escrito y de ninguna manera pueden considerarse un respaldo del titular de la marca.

Tabla de Contenido

Introducción 6

Capítulo 1: Introducción al Mercado Forex 7

Una Breve Descripción del Mercado de Divisas 7

Operación General del Mercado Forex 8

Un Mercado con Alcance Internacional 9

Tiempos de Negociación en el Mercado Forex 9

Historia y Conocimiento General 11

Lecciones Psicológicas para Entender Mejor el Mercado de Divisas ... 13

Mojarse los Pies en el Mercado Forex 14

Capítulo 2: Reglas Simples para su Rutina de Forex 16

Capítulo 3: Cómo Seleccionar los Mejores Pares de Divisas de Forex 25

Comercio de Divisas (Forex Trading) 25

Capítulo 4: Análisis de Gráficos 30

Características de un Buen Gráfico 31

¿Qué es el Análisis Gráfico? 32

Capítulo 5: Elija su Estilo de Negociación 54

Comercio Intradiario 56

Momentum Trading 57

Swing Trading 59

Comercio Técnico 61

Scalping Trading 64

Capítulo 6: Las Mejores Estrategias para Alcanzar $10,000 por Mes 67

Capítulo 7: Nunca Olvides Estas Cosas 77

Capítulo 8: 59 Consejos para Convertirse en Un Exitoso Comerciante e Inversor 82

Capítulo 9: Mirando Más Allá de Forex - Cómo crear Una Riqueza Real114

Capítulo 10: El Secreto para Hacer Crecer su Cuenta de Forex.............121

    Cómo calcular los intereses compuestos 121

    Negociar Hoy en día con intereses compuestos 122

    Un enfoque más científico..123

Conclusión 130

Introducción

Felicitaciones por la descarga de *Forex Trading* y gracias por haberlo hecho.

Los siguientes capítulos analizarán todos los aspectos del Comercio de Divisas y las Inversiones que necesita conocer para que pueda comenzar a operar de manera eficiente. En particular, le daremos los consejos y estrategias que lo ayudarán a alcanzar la meta de $10,000 por mes gracias a la negociación.

Obviamente, no somos responsables de ninguna pérdida de dinero que pueda sufrir después de leer este libro, ya que deve ser considerado una guía general para principiantes y no pretende sustituir los años de estudio necesarios para convertirse en un comerciante exitoso.

Hay muchos libros sobre este tema en el mercado, así que gracias de nuevo por elegir este. Se hicieron todos los esfuerzos para garantizar que esté lleno de la mayor cantidad de información útil posible. ¡Por favor, disfrutelo!

Capítulo 1: Introducción al Mercado Forex

Todos o casi todos ya han oído hablar del comercio de divisas o de sus activos más populares, como el MIB 30 y otros índices o acciones de las principales monedas mundiales.

Pero pocos de los no profesionales realmente saben el significado de estos términos, a menudo técnicos y que (erróneamente) se consideran reservados para los traders más agresivos.

De hecho, el intercambio es un mercado al que todos pueden acceder, ya sea a través de productos bancarios, como cuentas de valores o planes de acumulación o mediante una plataforma de negociación online.

Una Breve Descripción del Mercado de Divisas

Contrariamente a lo que uno podría pensar, la historia del comercio de divisas es bastante antigua, a pesar de que su concepto ha evolucionado en gran medida con el tiempo. De hecho, el comercio de divisas hizo su aparición en el siglo XIV en Bruselas, Bélgica.

Hoy, incluso si el mercado de divisas es siempre un lugar de intercambio, es ante todo un inmenso mercado en el que se intercambian valores financieros. Estos valores financieros pueden estar relacionados con las acciones de grandes compañías, bonos, divisas o incluso materias primas como el oro o el petróleo.

Sin embargo, en este caso, no se trata de intercambiar productos físicos o mercancías, sino solo de valores que representan un cierto valor evolutivo.

Operación General del Mercado Forex

Por lo tanto, los pares de divisas podrían definirse como un mercado en el que se encuentran compradores y vendedores. Pero a diferencia del mercado tradicional, no son los vendedores quienes deciden el precio de sus valores, sino los compradores.

Es entonces el libro de órdenes que contabiliza los precios decididos de esta manera.

En última instancia, cuanto más se exijan los valores de un mercado de divisas por parte de los compradores, mayor será el precio. Por el contrario, cuando la demanda es más débil, su precio baja.

El mercado de divisas en el que se pueden negociar los valores también se denomina "mercado primario". Por lo tanto, es en este mercado que las monedas pueden emitir lo que se llaman "tokens" que luego son comprados por inversionistas, particulares o profesionales.

Gracias a estas compras de valores, los corredores pueden obtener el dinero necesario para realizar inversiones.

Pero los tokens no son los únicos activos negociados en este mercado, ya que también puede haber bonos o valores financieros.

El interés de los inversionistas es especulativo dado que compran un valor a un precio considerado más bajo que el precio con el que posteriormente podría alcanzar una ganancia o recibir lo que se denomina "dividendos" según el desempeño económico de la compañía emisora de estos valores que se convierten en "accionistas" .

Un Mercado con Alcance Internacional

Gracias a este sistema de valores y al advenimiento de las nuevas tecnologías, el mercado de divisas se ha desarrollado fuertemente a escala internacional. Hoy en día, hay casi tantos intercambios de divisas como países capitalistas, aunque en la mayoría de los casos, este mercado es virtual y no incluye "salas comerciales" físicas, estas últimas han sido reemplazadas por redes informáticas complejas.

Para comprender mejor la importancia del intercambio de divisas, sepa que en el único centro financiero de Nueva York, se intercambian miles de millones de dólares todos los días.

Tiempos de Negociación en el Mercado Forex

Tal vez no lo sepa, pero el comercio en el intercambio de divisas ofrece la posibilidad de operar online de forma continua o las 24 horas del día, gracias a la superposición de los horarios de apertura de los diferentes mercados internacionales de divisas. De hecho, los grandes centros financieros del mundo son ocho y sus horarios comerciales se enumeran en tres sesiones principales: la sesión asiática, la sesión europea y la sesión norteamericana.

Pero también debemos tener en cuenta las horas legales y solares que no son las mismas según la zona horaria. Echemos un vistazo a las zonas horarias más influyentes para el mercado de divisas.

La Sesion Asiática:

Al comienzo de la semana, la sesión asiática es la primera en abrir. Esta sesión incluye los centros de intercambio de divisas de Japón, China, Australia, Nueva Zelanda y Rusia, así como otros centros más pequeños. Los activos asiáticos y los pares de divisas, incluidas las monedas de estos países, son por lo tanto los más volátiles en estos tiempos. Lo mismo se aplica a las publicaciones económicas.

Las horas de negociación de la sesión asiática son las siguientes:

Horario de apertura del mercado asiático: 4 en verano y 3 en invierno.

Hora de cierre del mercado asiático: 8 en verano y 7 en invierno.

La Sesión Europea:

La sesión europea es obviamente la más interesante para los inversores europeos. Es el segundo mercado que se abre después de la sesión asiática y también agrupa varios intercambios de divisas importantes, entre ellos Italia, Francia, Alemania, Suiza o el Reino Unido. Cabe señalar que el centro financiero de Londres es el más grande del mundo y más del 30% de las transacciones financieras se realizan en este centro todos los días. Por lo tanto, los volúmenes de negociación son muy altos durante la sesión europea y, por lo tanto, implican movimientos extremadamente volátiles e interesantes en términos de negociación.

Las horas de negociación de la sesión europea son las siguientes:

Horario de apertura del mercado europeo: 12:00 en verano y 12:00 en invierno.

Hora de cierre del mercado europeo: a las 16 en verano y a las 17 en invierno.

La Sesión Norteamericana:

Finalmente llega la sesión norteamericana, que es por lo tanto la última en abrir y cerrar el ciclo del mercado. Obviamente, esta sesión también es una de las más seguidas por los comerciantes de todo el mundo porque es durante este período que se negocian los activos de EE. UU. Esta sesión incluye los mercados financieros de los Estados Unidos, pero también de Canadá, México y los países de América del Sur. Es en el mercado de divisas en Nueva York que la volatilidad es mayor en este momento del día.

Las horas de negociación de la sesión norteamericana son las siguientes:

Horario de apertura del mercado norteamericano: 17 en verano y 17 en invierno.

Hora de cierre del mercado norteamericano: a las 21 en verano y a las 22 en invierno.

Historia y Conocimiento General

El comercio de divisas es el mercado donde los vendedores y compradores pueden intercambiar valores, divisas, servicios y bienes. El comercio de divisas se convierte así en un lugar importante para poner a las empresas en contacto, buscando recursos para respaldar a su producción e inversionistas.

Ya en la Edad Media, la escuela reunió a comerciantes y notarios que se dedicaron a actividades comerciales y financieras.

En el siglo XII, Venecia se convirtió en la principal plaza italiana, aquí se presentaron algunas innovaciones que luego fueron adoptadas por otras ciudades, como la negociación de la deuda pública y el cambio en los proyectos de ley.

Bruges, en Flandes Occidental, es la primera ciudad europea en tener un lugar físico para el intercambio, donde la venta se realiza de acuerdo con las nuevas reglas de intercambio de divisas.

Podemos distinguir dos tipos de mercado basados en los servicios y productos intercambiados:

1. el intercambio de divisas (Forex)
2. El intercambio de productos/materia prima.

El intercambio de divisas es el mercado en el que se intercambian los instrumentos financieros que ya están en circulación, como bonos, acciones, futures, warrants, etc. Como consecuencia, el intercambio de divisas es un mercado secundario (en los mercados primarios, los inversores compran los bienes tan pronto como lleguen al mercado).

En la bolsa de productos, la venta involucra bienes de diferentes tipos, colocados en almacenes apropiados. Aquí, los compradores y vendedores pueden intercambiar las políticas de depósito, que garantizan la presencia de los bienes y el derecho de desistimiento.

La venta y compra de valores en circulación están reguladas por reglas precisas. Una vez que el sistema de subasta a pedido terminó, los agentes intercambiaron documentos en papel, el mercado tiene lugar a través de un circuito electrónico donde también es posible intercambiar bonos del gobierno y bonos.

Entre los principales tipos de acciones, distinguimos las ordinarias, ya que asignan derechos administrativos y financieros precisos al titular (derecho a votar en las reuniones, a solicitar asamblea, liquidación, opción, etc.).

Las monedas preferenciales garantizan derechos de propiedad especiales a los propietarios. En el caso de la disolución de la moneda, por ejemplo, los "privilegios" se otorgan en la distribución de ganancias (según lo dispuesto en los estatutos de la compañía).

Las acciones de ahorro otorgan derechos de propiedad sobre los activos. Sin embargo, excluyen los derechos administrativos, incluido el derecho a votar.

Las acciones de Poster-Gate contemplan limitaciones en los derechos administrativos y patrimoniales (generalmente excluyendo los derechos de voto).

Las acciones con voto limitado incluyen restricciones especiales sobre los derechos administrativos, como la votación limitada a ciertos temas. Según la ley estadounidense, deben garantizar privilegios de propiedad al propietario.

Como se mencionó anteriormente, el mercado financiero está estructurado en centros financieros, donde se tratan diversos servicios financieros.

El centro financiero más grande es Nueva York, donde se encuentra el NYSE (el intercambio de divisas de Nueva York para todos los productos), el Nasdaq (pares de divisas tecnológicas) y el Amex (el intercambio de divisas de EE. UU. Recopila muchas pequeñas compañías de capitalización que venden valores de diversos tipos).

Otros centros financieros importantes incluyen Tokio y Londres (los más importantes de Europa).

Lecciones Psicológicas para Entender Mejor el Mercado de Divisas

Debido a las continuas subidas y bajadas que han sufrido los intercambios internacionales de divisas en los últimos meses, muchos han empezado a hacerse la pregunta: "¿la inversión en acciones sigue siendo la mejor estrategia para multiplicar mis ahorros?"

Los mercados financieros en general pueden ser una oportunidad extraordinaria. No solo los pares de divisas, sino también las criptomonedas o forex pueden dar una gran satisfacción. Sin embargo, es necesario tener una preparación antes de aventarse a las opciones existentes.

Permítame hacerle una pregunta: ¿Cuánto estudió o trabajó para lograr la experiencia que tiene en su trabajo actual? Me imagino que estamos hablando de varios años y miles de horas de estudio y práctica.

El comercio no es diferente. Al negociar, compite a la par con las personas que lo hacen por profesión. Por lo tanto, debe tener humildad, trabajo, perseverancia, inteligencia y un método. Si realmente los aplica, en unos pocos meses, puede decidir renunciar a su trabajo porque puede ganar mucho dinero con algo que requiere compromiso y constancia, pero sin estar estresado o tener que pasar todo el día en los sitios comerciales.

Mojarse los Pies en el Mercado Forex

¿Está buscando inversiones seguras y rentables? Encontrar soluciones de este tipo no es fácil, lo sabe muy bien y por eso decidió profundizar en el teléfono inteligente, la PC o la tableta.

En resumen:

Poco riesgo = Pocas ganancias

Mucho riesgo = ganancias potencialmente mayores pero altas posibilidades de enormes pérdidas

Capítulo 2: Reglas Simples para su Rutina de Forex

Los mercados en los últimos tiempos se han vuelto más complejos, pero también más volátiles.

En palabras simples, el riesgo es mayor. Los factores económicos, las intervenciones del banco central, las tasas negativas, la baja inflación y los algoritmos están cambiando los mercados de acciones, divisas y productos básicos.

Parece que ya no mira los fundamentos, sino que compra el título del momento y el que presenta un riesgo menor (o, para decirlo mejor,el que la gente piensa que presenta un riesgo menor).

En mercados tan difíciles, los pequeños inversionistas que invierten en el mercado de divisas no tienen una vida fácil. Pero esto no significa que deban abandonar las acciones. Con trabajo duro y perseverancia, todos pueden convertirse en un inversionista calificado.

Para ayudarlo a comenzar su viaje, hemos recopilado 15 de los errores más comunes que cometen los inversores principiantes. Si puede evitarlos, estará un paso por delante de la competencia y comprenderá mejor cómo analizar el mercado.

1. Confiando en las emociones

La mayoría de las personas pierden en el mercado de divisas porque no pueden controlar sus emociones.

Está comprobado que los pequeños ahorradores compran en la fase ascendente de los mercados y entran en pánico al primer signo de disminución. Entonces lo que pasa es que el mercado se recupera y ahora están fuera.

Esto sucede debido a la mala educación financiera del inversionista estadounidense promedio.

Quien no sabe cómo evaluar el riesgo, no conoce la diversificación, no puede seleccionar los valores para colocar en la cartera. Él no sabe cómo calcular el valor promedio de un activo. Ni siquiera sabe cómo usar una hoja de cálculo para calcular la volatilidad de un par de divisas. Y es precisamente la falta de capacidad para manejar el riesgo lo que lo hará tomar malas decisiones y, en última instancia, resultará en una pérdida.

2. Especular, No Negociar

Otro error que muchos a menudo cometen es confundir la especulación con el comercio.

Si invierte a muy corto plazo, aumenta el riesgo y no es una cuestión de inversión sino de especulación. Saber definir la especulación de inversión es esencial.

Antes de ingresar un título, debe definir su horizonte de tiempo y considerar dónde colocar el límite de pérdida. Un ejemplo clásico de especulación es "opciones binarias". A menudo se promueven como una inversión, pero no lo son. Para aquellos que no saben lo que son, las opciones binarias son apuestas colocadas sobre el precio de un activo en los próximos 30 segundos. Sí, lo leyó bien. En serio, mantengase alejado de ellas.

3. *Negociación sin planificación*

En el mercado de divisas, el capital invertido no debería ser necesario para la vida diaria.

Antes de invertir, planee estos objetivos. Alguien invierte porque en el futuro quiere comprar una casa más grande. Otros pueden invertir para cuando se jubilan, pero también para unas vacaciones.

Hay quienes lo hacen por sus hijos. La verdadera pregunta es: ¿Por qué está invirtiendo usted?

4. *Pensando que puede predecir el futuro.*

¿Qué tienen en común Warren Buffet de Omaha y el entrenador de vida Tony Robbins? Ambos están de acuerdo con el gran riesgo que viene cuando nuestro dinero está en juego. Durante una entrevista con CNBC, Tony Robbins advirtió contra un gran error que se comete cuando se trata de invertir para el futuro, el tratar de predecir los altibajos del mercado. Nadie puede predecir el futuro, dice Robbins, e inversionistas legendarios como el multimillonario Warren Buffett y el fundador del titanic hedge bridge Bridgewater Associates, Ray Dalio, tienden a estar de acuerdo.

"Su plan para el futuro no se puede basar en intentar cronometrar el mercado porque va por el camino equivocado". En lugar de comprar y vender acciones basadas en cómo cambia el pequeño, Robbins sugiere pensar a largo plazo.

"No pueds darse el lujo de probar y cronometrar el mercado. Lo que debe hacer es estudiar los elementos a largo plazo y tener un plan de diversificación que lo proteja cuando esté equivocado".

Buffett también es un importante partidario de este tipo de estrategia llamada "comprar y mantener", tanto que apostó a que el índice de pares de divisas S&P 500 superaría a los fondos de cobertura (que cambian activamente las inversiones). Ahora, parece que lo más probable es que gane esa apuesta, lo que le traerá un premio extra de $2 millones.

Robbins también cuenta con el consejo de Dalio, quien fundó el mayor fondo de cobertura del mundo, Bridgewater Associates, que tiene dificultades para identificar los momentos adecuados para entrar y salir de las inversiones. Entonces, para Robbins, la mejor idea es mirar a largo plazo y tanto él como Buffett sugieren que invertir en fondos de índice de bajo costo es lo mejor que se puede hacer.

5. No prestar atención a los costos.

Lo hemos dicho en todos los idiomas, los costos pueden matarlo financieramente. La inversión de $ 15,000 por 30 años puede resultar en un capital de $ 106,000 si se hace con un ETF o un fondo mutuo de bajo costo, y $ 67,000 si se realiza con un fondo mutuo que tiene el 2% de TER. Vealo por usted mismo.

De manera realista, ahorrar costos es el único verdadero "dinero gratis" que puede obtener como inversionista. Los productos financieros con altas comisiones son muchas de las veces increíbles, solo piense en qué tan sobrestimada está la idea de la gerencia de Alfa.

6. Cambiar la duración de la negociación "sobre la marcha"

Por lo general, funciona de esta manera: ha elegido una cartera específica asumiendo una cierta duración de la inversión, luego el mercado "tuge", un instrumento dentro de la cartera pierde un 5-6%, lee algunas opiniones negativas al respecto, empieza a temblar como un conejo y, finalmente, vende. Este cambio de horizonte temporal hace daños monstruosos. Típicamente, le hace perder alrededor de la mitad de las ganancias. Solución: invierta poco a poco y no lo piense más.

7. No diversificar

La diversificación es inútil solo si puede predecir el futuro y saber cuál será la mejor inversión. Si en cambio (como un ser humano normal) no tiene habilidades adivinatorias paranormales, debe diversificar un poco su cartera. Pero, sin exagerar (sobre esto hablaremos más adelante).

8. Haciendo todo lo que dice su agente

Si el banco, el promotor o el corredor empujan un producto, corren para verificar los costos: en 9 de cada 10 casos, es el producto más conveniente para ellos y, como puede adivinar, el más caro para usted.

9. No leer atentamente prospectos y contratos.

Por ley, los intermediarios están obligados a escribir todo lo que hacen en un tipo de documento de "contrato". Muchas veces, lo harán con ese lenguaje legal que lo envía a la narcosis en la segunda línea. Pero tiene que leer todo si no quiere malas sorpresas. Recuerde que usted es responsable de su dinero y no debe culpar a los demás.

10. Políticas vinculadas a unidades comerciales (y vinculadas a índices)

Estas políticas se encuentran entre los productos financieros menos transparentes que se pueden encontrar, y se complementan con altas comisiones a favor de quienes las venden. El vendedor le contará muchas buenas historias sobre la garantía de capital. Más allá de las fantasías, con una política vinculada por unidad (o por índice), en el 90% de los casos, tendrá un producto costoso, con multas severas en caso de desinversión temprana y, después de 10 o 20 años de pagos, or lo general, se le recompensará con un desempeño decepcionante (pero, si lo puede consolar, habrá hecho muy feliz al hombre que se lo vendió).

11. Operando con divisas desde su servicio de banca en línea.

Los bonos bancarios usualmente hacen menos de un BTP del mismo vencimiento porque soportan cargos implícitos, es decir, costos. Entonces, son, en promedio, más riesgosos y menos líquidos. Y esto es aún más cierto para los bonos bancarios subordinados, cuyos titulares, con la reciente entrada en vigor, probablemente serán llamados para poner sus manos en la cartera en caso de incumplimiento del emisor. Antes de comprar estos bonos, estúdielos cuidadosamente, compárelos con un título gubernamental o supranacional (como BEI, BIS, etc.) y solo entonces decida.

12. Creyendo enriquecerse con el comercio online

El colorido mundo del comercio online está repleto de gurús que tratarán de convencerlo de que se hará rico, gracias a sus fabulosos cursos o al sitio de previsión del mercado financiero. Debe saber que triunfar con el trading es muy difícil. En la gran mayoría de los casos, terminará perdiendo dinero y tiempo. Aprenda a ahorrar e invertir, no a negociar.

13. *Escuchando a economistas, políticos y medios de comunicación.*

El ruido en los oídos distrae: debe eliminarlo. Así que aquí está, para usted y solo para usted, nuestra lista personal de ruidos de los que tiene que deshacerse.

- Economistas : piense en lo poco que nos han metido en la historia.Por ejemplo, en 2009, no reconocieron la peor crisis desde la Gran Depresión de 1929, a pesar de una gran cantidad de señales, y sobre todo, el hecho de que la recesión ya estaba en camino.
- Políticos : a excepción de las raras excepciones, los eventos de cualquier Parlamento son animados, llenos de personajes divertidos y peleadores que combinan todos los colores, yendo de la crisis a las soluciones repentinas, y luego se sumergen de nuevo en crisis trágicas: tramas perfectas para las sagas periodísticas y televisivas. En general, el impacto en los mercados financieros de todo esto es bajo. Por ejemplo, a pesar de los altibajos de la política italiana, la propagación ha continuado su camino, indiferente a todo menos al BCE. Continuando con los hechos históricos del peso, piense que después del ataque japonés a Pearl Harbor en 1941 (que arrastró a los EE. UU. a la Segunda Guerra Mundial), el índice de pares de divisas Dow Jones perdió solo el 6% (y en los siguientes 12 meses ganó 2,20%).).

- Medios de comunicación : periódicos, televisión. Lo bombardean con un flujo continuo de noticias y datos (a menudo explicados superficialmente), que lo llevan a desviarse de su camino de inversión (ver punto 2). Todos los días salen datos económicos. A veces mejoran, a veces empeoran, pero en el futuro inmediato, rara vez impactan en sus inversiones. Solo para decir que, durante la última recesión en la zona del dólar (que comenzó en marzo de 2012 y terminó en junio de 2013), los mercados de divisas de la zona del dólar han ganado alrededor del 13%. Por lo tanto, debe enforcarse en cosas importantes, revise su billetera regularmente, siga la fuente correcta de información, pero no esté paranoico con las noticias.

14. Queriendo convertirse en un exitoso negociante durante la noche

No sea el negociante que desea un éxito inmediato y que pierde la paciencia por los altibajos diarios. Quien quiere resultados rápidos, es ciertamente un ejemplo de cómo no invertir sus ahorros si quiere tener éxito.

Negociar con éxito es un poco como cuidar de un huerto. Las plantas crecen lentamente, los primeros años dan pequeños frutos, pero luego comienzan a crecer más rápido. En general, es absurdo esperar resultados significativos en unas pocas semanas, meses o incluso en unos pocos años. Recuerde que no quiere hacerse rico rápidamente, quiere hacerse rico con seguridad.

15. No obteniendo ganancias

Puede parecer extraño, pero hay muchos comerciantes que nunca sacan sus ganancias. Esto es perjudicial ya que nunca disfrutan del dinero que ganaron a través del comercio. Es como hacer una suscripción al gimnasio, pero nunca ir al gimnasio. Es inútil y no ayuda a la práctica.

Los comerciantes más exitosos siempre sacan sus ganancias de vez en cuando. Obviamente, estamos hablando de decisiones calculadas y movimientos planificados. Sin embargo, la pepita de oro aquí es el hecho de que si no tiene el dinero en su cuenta bancaria, no puede utilizarlo. Puede sonar tonto, pero es un hecho que la mayoría de los principiantes tienden a olvidar.

Capítulo 3: Cómo Seleccionar los Mejores Pares de Divisas de Forex

Dado que esta es una guía para principiantes y la mayoría de las personas que comienzan deciden comenzar su viaje comercial con forex, pensamos que sería interesante establecer las bases del tema. Para aquellos que eligen invertir en forex, el objetivo es sin duda el de obtener la mayor remuneración posible de su inversión, por lo que la elección de los valores en los que invertir su dinero es de fundamental importancia.

Comercio de Divisas (Forex Trading)

En este sentido, no hay reglas universalmente válidas y confiables que le permitan obtener buenas ganancias y eliminar los riesgos de pérdidas, de lo contrario el número de inversionistas sería mucho mayor.

En otras palabras, ¡los pares de divisas seguros para invertir, si alguna vez existieron en el pasado, hoy están oficialmente extinguidos! Sin embargo, esto no significa que no se puedan hacer planes para reducir el riesgo mientras se mantiene un alto nivel de ganancias. Aquellos que deciden invertir en forex hoy están perfectamente conscientes de que hay una serie de parámetros que los expertos creen que es esencial tener en cuenta al identificar las acciones que se incluirán en una cartera de inversiones. Estos parámetros son la capitalización de la empresa, la rentabilidad del capital, la relación entre ganancias y precio, la relación entre la relación y el valor contable del precio, el rendimiento del dividendo y las calificaciones/precio objetivo. Veamos en qué consisten estos parámetros individuales en detalle y cómo podemos usarlos para elegir los pares de divisas en los que invertir hoy.

- *Capitalización del par de divisas:* aunque este es un parámetro muy subestimado, debemos considerar que el tamaño del par de divisas es a menudo un signo de poder de mercado, en la mayoría de los casos a través de la posesión de marcas o tecnologías explotadas a nivel mundial.

- *Retorno sobre el capital (ROE):* esta es la relación entre el resultado neto y los activos netos de un determinado par de divisas en particular, desde el punto de vista de las inversiones de capital es un parámetro importante, ya que una rentabilidad más alta que el costo del capital es un índice de la capacidad de una empresa para crear valor. Desde este punto de vista, el ROE siempre es considerado en gran medida por aquellos que deciden invertir hoy en acciones.

- *Relación precio/ganancias:* Una relación baja de este parámetro hace que el precio del par de divisas sea particularmente atractivo, pero al mismo tiempo, podría significar que las expectativas con respecto a las ganancias futuras no son particularmente positivas. Al igual que en el caso del ROE, este es un factor a tener en cuenta al elegir los mejores pares de divisas para invertir.

- *Relación precio/valor :* la relación entre el precio de la divisa y el valor del activo neto resultante del último balance, especialmente si esta relación es más baja que la unidad, significa que a la compañía se le está pagando menos que el valor del presupuesto neto de pasivos. Sin embargo, esto no significa necesariamente que sea un buen acuerdo, ya que la empresa tampoco puede generar ganancias.

- *Rendimiento de dividendos:* es la relación porcentual entre el último dividendo distribuido y el precio de la divisa. En particular, mide la remuneración proporcionada por la empresa a los accionistas en el último año en forma de liquidez. Este parámetro a menudo se toma en cuenta para identificar los pares de divisas en los que invertir, ya que una empresa capaz de distribuir dividendos es generalmente un buen par de divisas, pero también en este caso, como con todos los demás parámetros de selección, es necesario hacer un análisis más amplio y completo, ya que un nivel alto de este indicador también podría significar que la compañía ha hecho pocas inversiones o tiene pocas perspectivas de crecimiento. Por esta razón, considerar el rendimiento de dividendos como un factor primario para determinar los valores en los que invertir en el mercado de divisas es reductivo. El rendimiento del dividendo solo tiene sentido si se acompaña de consideraciones sobre los planes de negocios y los planes industriales de la empresa que cotiza en bolsa. Solo de esta manera es posible tener garantías sobre cuáles son las perspectivas del grupo en el futuro.
- *Clasificación y precio objetivo:* la calificación es el juicio que ciertos analistas y bancos de inversión tienen sobre un valor cotizado específico, mientras que el precio objetivo representa el precio objetivo máximo al que pueden llegar las acciones. Docenas de juicios se publican diariamente en todas las monedas listadas. Darle un ojo a estos juicios es una forma de aclarar más las posibles perspectivas de la lista. Si, de hecho, más corredores deciden recortar la calificación de un par de

divisas de compra a neutral o peor, entonces significa que, de hecho, las expectativas de la seguridad en cuestión ciertamente no son positivas y, por lo tanto, tal vez, no sea el caso de insertar este título en la lista de acciones para invertir.

Claramente, las promociones y los fracasos no están en el aire, pero están acompañados por informes en los que se explican las razones detrás de ese juicio único. Por lo tanto, la calificación y el precio objetivo son uno de los factores más importantes para elegir el mejor par de divisas para invertir. Como los grandes operadores que se centran en las acciones saben perfectamente, al observar el historial o la evolución de la calificación y el precio objetivo de un solo par de divisas, se puede tener una imagen aún más completa en la elección de acciones para invertir en la actualidad.

Estos son los principales indicadores que determinarán si su inversión será exitosa o no. Tomarse el tiempo para estudiar la estructura de la empresa en la que desea invertir es extremadamente importante ya que le brinda la oportunidad de tener una mejor idea de hacia dónde se dirige y hacia qué se dirige, hacia el futuro. Recuerde que cuando invierte en pares de divisas, es dueño de una parte de ese proyecto: es su deber entenderlo completamente.

Quien quiera invertir en el intercambio de divisas, no puede considerar conocer solo algunos términos, que son básicos para sus acciones comerciales. Deben ser tomadas en consideración algunas precauciones:

- Leer constantemente y diariamente, periódicos de carácter económico. Esto servirá principalmente a aquellos que no están muy familiarizados con la terminología utilizada y, en consecuencia, no conocen el significado de Acciones, Bots, BTP, Dow Jones, Nasdaq, Nikkei, etc.

- Vea regularmente las noticias económicas de manera que se familiarice y aprenda a pronunciar los términos más utilizados.

- Documentarse a sí mismo a través de libros, foros y sitios en línea. Esto facilitará enormemente la comprensión y también servirá como un bagaje cultural personal. De esta manera, puede aumentar su conocimiento y dar sus primeros pasos en el mundo de la economía.

Capítulo 4: Análisis de Gráficos

Los indicadores y gráficos son uno de los componentes más importantes cuando hablamos de análisis técnico. Además de la experiencia, la frialdad y la psicología, un buen analista no puede ignorar un conocimiento profundo de los gráficos. Este último puede representar información diferente y puede aparecer en diferentes formas.

En el análisis gráfico, los gráficos merecen una atención particular porque representan la dinámica de los precios de un instrumento financiero dado y en un período determinado.

En el análisis técnico, el tipo de gráfico más utilizado es el gráfico de velas, más conocido con el nombre de Gráfico de Velas Japonesas. Sin embargo, antes de pasar a una descripción detallada del gráfico de velas, me gustaría decir algunas palabras acerca de otros dos gráficos menos usados que los Gráficos de velas, pero que pueden ser útiles, ya que pueden ayudarlo a comprender el Gráfico de Velas Japonesas.

El gráfico de precios se muestra en un plano cartesiano, donde en el eje de abscisas, que es el eje vertical se informa el tiempo, mientras que en el eje horizontal, se informa el precio.

Dada esta premisa, aún podemos decir que los gráficos se refieren a diferentes períodos de tiempo, ya sean fracciones de minutos, horas y días, si no es incluso semanas, meses o hasta años, que indican diferentes tamaños de apertura o cierre, de máximos y mínimos.

En el eje de las abscisas, encontramos un espacio llamado histograma del volumen, que representa la cantidad de instrumentos intercambiados durante el período examinado.

En el análisis gráfico, en el específico y más generalmente en el técnico, se utilizan varios tipos de gráficos.

Características de un Buen Gráfico

Con lo anterior, no quiero decir que necesite un gráfico que contenga una gran cantidad de información o información detallada minuciosamente, pero me gustaría enfatizar que los operadores más exitosos del mercado utilizan muy pocos indicadores. Sí, ha entendido correctamente, sólo unos pocos indicadores. Por lo tanto, pensará que lo que se ha descrito hasta ahora es solo un gráfico, pero no lo es, ya que viene extrapolada la información más importante directamente del gráfico. Obviamente, solo los brokers pueden proporcionar los gráficos en cuanto al mercado de divisas, también le aconsejamos que siempre elija los mejores brokers de opciones binarias. Por lo tanto, no es cierto que los gráficos sean todos iguales, será un buen intermediario para extrapolar toda la información que le interese de las diversas tablas detalladas. Y desde aquí reconocemos a los mejores corredores.

El motivo de esta extrapolación es muy simple: dado que los indicadores expresan solo el pasado en forma gráfica, pueden proporcionar una visión muy aproximada del futuro. Demasiados indicadores en un gráfico a veces pueden crear confusión en lugar de ayuda.

Por lo tanto, es muy importante tener en cuenta los siguientes puntos:

Buen programa gráfico

Con esto, de hecho, siempre debe poder mirar lo suficientemente lejos en el pasado, planificar el futuro e identificar barreras relevantes y obtener una visión general satisfactoria. En los gráficos de opciones binarias de los diferentes corredores, este marco de tiempo es demasiado estrecho para sacar conclusiones confiables.

Los gráficos de buena calidad siempre indican diferentes intervalos de tiempo

Estos van desde unos pocos minutos hasta un máximo de un mes.

Nunca establezca un gráfico lineal común

Este, de hecho, no sería muy útil para fines de análisis técnico. Por otro lado, se utilizan tablas de velas o vigas, que explicaremos brevemente.

¿Qué es el Análisis Gráfico?

El análisis de los gráficos es sobre todo la búsqueda de formas particulares, también llamadas estructuras gráficas, configuraciones o figuras.

Son cifras que emergen del movimiento de los precios y que pueden indicar su tendencia futura. Son analizados, por analistas que unen puntos en el gráfico de precios de una seguridad financiera o el desempeño de un indicador.

El propósito del análisis gráfico será, por lo tanto, identificar los patrones de precios más típicos para fines de pronóstico.

Estas formaciones gráficas se pueden clasificar en diferentes categorías. Las principales categorías de clases pueden asumir características de inversión, continuación o consolidación. La característica fundamental también será la dinámica de los volúmenes, que explicaremos en cada figura.

Es por esto que se necesita técnica, experiencia, estrategias, si no la habilidad del analista para ver estas formas en el movimiento de una gráfica. Estos son los elementos fundamentales de este tipo de análisis. El concepto de línea de tendencia, soporte y resistencia también forman parte de este aspecto del análisis técnico.

A continuación mencionaremos los gráficos más utilizados para el análisis gráfico y explicaremos la operación. Antes de hacer esto, sin embargo, debemos explicar otro concepto muy importante y usado: la figura de Continuación. Estos tienen características comunes en todos los gráficos, representan una pausa en la tendencia prevaleciente en progreso y son un preludio a la continuación de la tendencia en la dirección de la dirección anteriormente en curso. Por este motivo, también se conocen como cifras de consolidación.

La principal diferencia entre las cifras de continuación y de inversión se refiere a la extensión.

Las siguientes cifras suelen ir acompañadas de una disminución en los volúmenes comercializados.

Una de las primeras figuras que vamos a examinar es la cuña.

Cuña

Esta, también es una figura de continuación explicada y es muy similar al triángulo por 2 razones:

- Por la forma
- Por el tiempo que lleva formarse. Esto difiere del triángulo que veremos a continuación porque la forma en que se forma se caracteriza por una inclinación fuertemente alcista o bajista opuesta a la de la tendencia actual.

Esto significa que:

- Este gráfico consta de dos líneas de tendencia convergentes y demora entre uno y tres meses en desarrollarse.
- En una tendencia alcista, se puede encontrar una cuña en caída o "una cuña descendente".
- Mientras que en una tendencia bajista, se puede desarrollar una cuña en subida o "una cuña ascendente".

Al igual que con las figuras de banderín y bandera, la cuña se puede encontrar en medio de un movimiento, lo que permite calcular los objetivos mínimos.

La dinámica de los volúmenes ve una disminución en el curso de la formación del patrón y debe reducirse durante todo el período de formación de la figura. Por el contrario, aumentan significativamente cuando se rompe la línea de tendencia, que es una característica típica de la cuña.

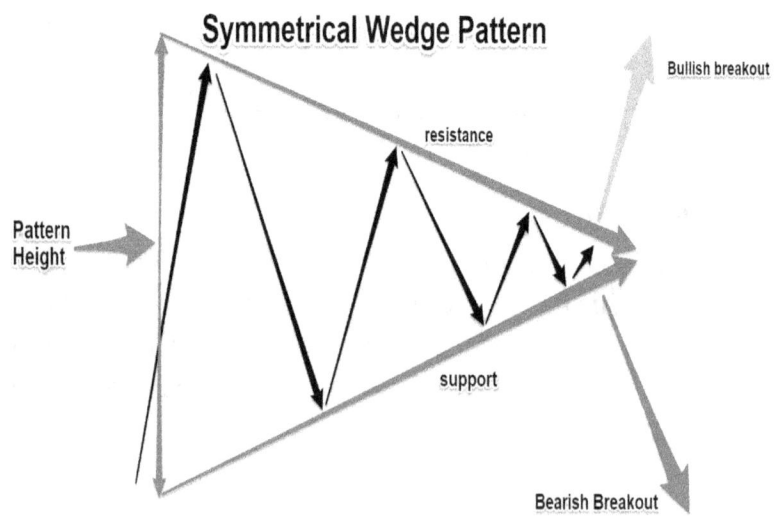

La segunda figura que examinamos en este capítulo es el banderín.

Banderín

Esta figura también es bastante común en el análisis de gráficos.

Esta figura junto con la figura de la bandera, que veremos inmediatamente después, aparece después de un movimiento casi vertical y representa una pausa en la tendencia.

Su característica es que se presenta como un triángulo simétrico que, sin embargo, tiene una extensión máxima de 3 semanas. La mayoría de las veces, en las acciones bajistas, el tiempo de refinamiento de la figura es aún menor y es igual a una o dos semanas como máximo. El banderín está a medio camino del movimiento alcista o bajista, con las implicaciones obvias en el cálculo de los objetivos mínimos para la llegada del movimiento.

Por lo tanto, será obvio que el volumen disminuye durante la formación de la figura y debe ser bajo durante todo el período de formación del patrón. Por el contrario, en cambio, aumenta significativamente cuando se rompe la línea de tendencia, lo que identifica el banderín. Estos están acompañados por una tendencia similar en el rango, dentro del cual se mueven los precios.

Los banderines a menudo coinciden con una fase de contracción, que no necesariamente tiene una inclinación opuesta con respecto a la tendencia básica.

Tanto esta figura como la siguiente se desarrollan dentro de un marco de tiempo bastante corto.

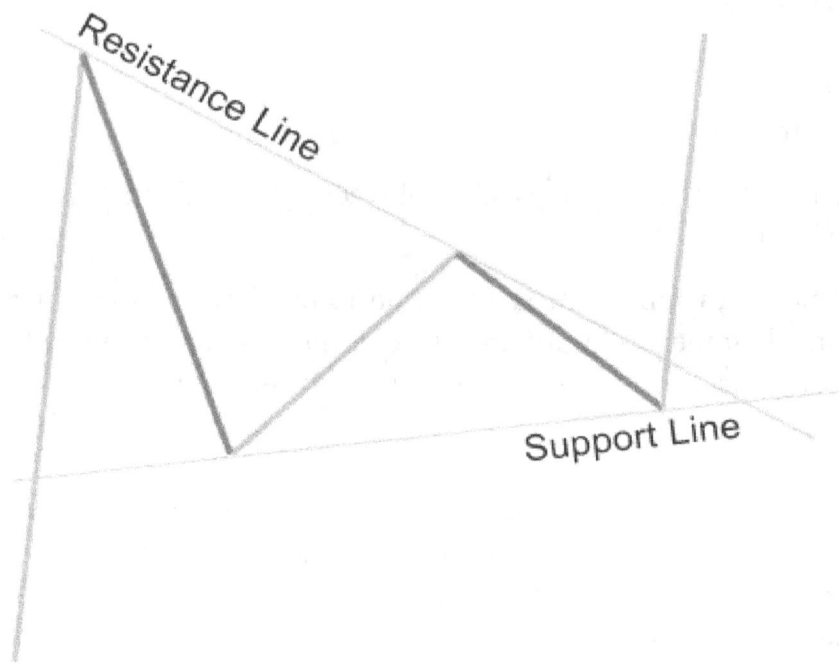

La tercera figura que examinamos, como anunciada, es la bandera.

Bandera

La formación de bandera, o simplemente bandera, es un patrón muy común de continuación en el análisis gráfico.

Esta forma tiende a aparecer cerca del agotamiento temporal de una tendencia, lo que representa una breve pausa en el mercado luego de que los movimientos fuertemente acentuados son casi verticales y se conocen como asta de bandera.

La bandera tiene una forma similar a una tubería paralela, casi para representar un rectángulo, limitada por dos líneas de tendencia paralelas pero opuesta a la tendencia que prevalece.

En otras palabras, puede verse como una bandera que se inclina hacia abajo en una tendencia alcista y hacia arriba en una tendencia a la baja.

Su entrenamiento termina dentro de un período medio que es entre una y tres semanas. Por lo general, aparece a medio camino para completar el movimiento.

También debe decirse que si se trata de un movimiento bajista, el tiempo de perfección es menor y la cifra generalmente se completa en una o dos semanas. Precisamente porque se encuentra en medio del movimiento alcista o bajista, la cifra es importante para identificar los objetivos de precios. A partir de aquí, calcularemos el ancho del movimiento que precede a la bandera e informaremos esta distancia después de la ruptura de la línea de tendencia que delinea la figura.

El volumen también debe disminuir durante la formación de la figura y luego aumentar nuevamente cuando se rompe la línea de tendencia.

Así que veamos cómo usar la bandera y el banderín.

Los objetivos que se pueden identificar en relación con estas cifras son dos:

- El primero se determina proyectando el ancho de la base desde el punto de ruptura. Aquí, este objetivo adquiere menos importancia, si consideramos las dimensiones reducidas de la figura.
- En cambio, el segundo se puede obtener proyectando desde el punto de ruptura, una distancia equivalente a la recorrida por el movimiento que precedió a la formación del banderín.

- Esto significa que estas cifras a menudo se materializan alrededor de la mitad del movimiento general, dando una ventaja justa a nivel operativo.

La fase temporal de la debilidad del precio puede ser explotada para ingresar al par de divisas o incluso simplemente para aumentar la posición tomada anteriormente, nuevamente utilizando un stop-loss mucho más bajo que el potencial de toma de ganancias.

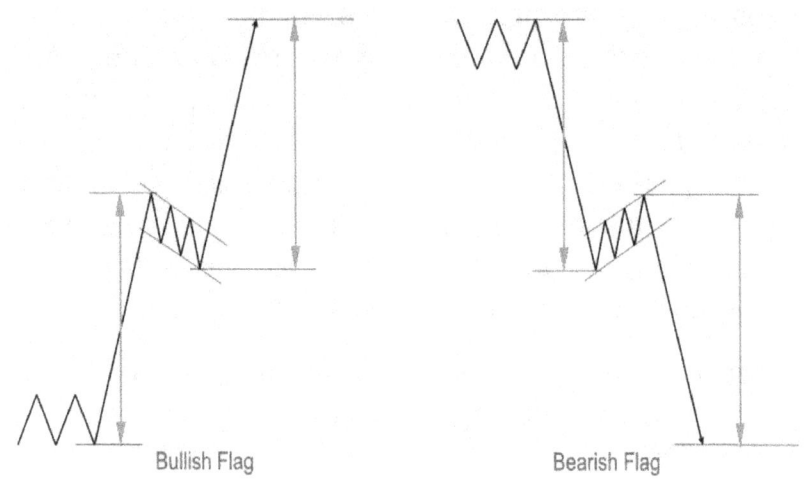

Bullish Flag   Bearish Flag

La cuarta figura que explicaremos estará representada por el rectángulo.

Rectángulo

El rectángulo es el más simple entre las figuras propuestas por el análisis técnico.

Identifica una fase de congestión de precios. En Análisis Técnico, con este término, nos referimos a una formación gráfica en correspondencia con la cual los precios oscilan dentro de un rango estrecho de valores. Este proceso tiene lugar cuando el mercado se mueve hacia los lados.

El patrón representa una zona de ruptura de la tendencia actual en la que los precios se mueven hacia los lados. Esto también da lugar al nombre de rango comercial o área de congestión, una cifra que representa un período de consolidación de la tendencia actual que se resuelve en la dirección de la tendencia que la precedió. Esto representa una figura fundamental para identificar correctamente el patrón de continuación, asi como también la observación de los volúmenes.

Además, para esta cifra alcista, los rebotes deben ir acompañados de grandes volúmenes, con las correcciones caracterizadas por volúmenes decrecientes. En el caso contrario, en cambio, en el rectángulo bajista, están las correcciones para tener más volúmenes acentuados.

Muchos inversores aprovechan las oscilaciones, vendiendo al máximo de la cifra y comprando al mínimo. Sin embargo, aquellos que utilizan este enfoque se arriesgan a no explotar la ruptura del patrón.

La cifra en cuestión generalmente toma de uno a tres meses para mejorar y el objetivo mínimo está representado por la traslación de la altura del rectángulo cuando el precio rompe la cifra.

Los rectángulos también pueden configurarse como figuras de inversión, dependiendo del contexto en el que se forman. Por lo tanto, es evidente cómo las fases de congestión identifican un momento en el que el mercado expresa una incertidumbre considerable y espera nueva información para decidir la tendencia futura. A diferencia de las fases de contracción (en las que la continua reducción de la volatilidad identifica de manera cada vez más precisa el momento en que el mercado recibirá la información que espera), una cifra de congestión como el rectángulo no permite identificar con suficiente antelación el momento en que se producirá la ruptura.

Las señales operativas que esta figura puede proporcionar son básicamente de dos tipos:

- El primero requiere esperar la salida de los precios de la zona de congestión inicialmente identificada. Esta salida debe clasificarse necesariamente como una ruptura y, por lo tanto, debe caracterizarse por un aumento en los volúmenes y la volatilidad.
- El segundo paso operativo se deriva de la posibilidad de explotar el movimiento lateral de precios para comprar cerca del soporte identificado y vender cuando los valores están cerca de la parte superior de la figura nuevamente.

Apoyo y Resistencia

Permítanme ahora explicarle brevemente cuáles son los soportes y las resistencias.

El Soporte se define como el nivel de precios en el que se encuentra, una detención de la tendencia a la baja en los precios. Una concentración excesiva de compras que ocurra en la vecindad de las mismas causará un bloqueo en la tendencia a la baja en los precios.

Un nivel de soporte se define como confiable cuando muestra resistencia a "ataques" repetidos sin una ruptura bajista.

La Resistencia se define, en cambio, como el nivel de precio donde se detiene el crecimiento de la misma. En el caso de la Resistencia, la alta concentración de ventas impide la continuación del aumento.

Un nivel de resistencia, por el contrario, es más fuerte y más confiable, ya que resiste "ataques" repetidos sin un fallo ascendente.

Seguramente, un mínimo o máximo histórico representa un nivel de Soporte o Resistencia Estratégica.

En consecuencia, la penetración o ruptura de los niveles de soporte o incluso la resistencia puede ser causada por:

- Cambios importantes en los valores fundamentales de una empresa (aumento de beneficios, cambios en la gestión, etc.)
- Pronósticos simples basados en tendencias de precios en tiempos recientes.

Ambos niveles de apoyo y resistencia también pueden surgir de motivaciones exclusivamente de naturaleza emocional. Los soportes y las resistencias representan con gran simplicidad el encuentro/choque entre la oferta y la demanda.

De lo anterior, queda claro que en la práctica, una ruptura, o un evento en el que el precio sale de una tendencia, rompiendo un soporte o resistencia o un canal, por encima de un nivel de resistencia; evidencia un aumento en la demanda, que surge de más compradores que están dispuestos a comprar a precios más altos que los actuales.

En el caso opuesto, en cambio, el desglose de un soporte muestra un aumento en los vendedores, y por lo tanto en la oferta, a medida que más vendedores están dispuestos a vender incluso a precios más bajos que los actuales.

Si se rompe un nivel de soporte, automáticamente se convierte en un nivel de resistencia, al igual que si se rompe un nivel de resistencia, se convierte en un nivel de soporte. Este proceso se conoce como retroceso, que es un momento en el que un mercado con tendencia toma un descanso.

Las líneas de soporte y resistencia se pueden dibujar horizontalmente y luego hablaremos de soporte estático, donde el soporte corresponde a un punto preciso y constante en el tiempo oblicuamente y, en este caso, hablaremos de soporte dinámico, donde se dibuja una línea de tendencia con la variación de los precios y con el paso del tiempo.

La quinta figura; el objeto de estudio concierne al triángulo.

Triángulo

En el análisis técnico, el triángulo es una figura de consolidación y se utiliza para verificar la continuación de la tendencia principal. Este es un patrón que dura unos pocos meses cuando hay una pausa en la tendencia actual con precios que oscilan en un área cada vez más estrecha.

La figura tiene las siguientes características:

- El triángulo debe tener un mínimo de cuatro puntos de reacción; dos superiores y dos inferiores; los primeros necesarios para trazar la línea de tendencia superior, los segundos necesarios para dibujar la línea de tendencia inferior.
- El triángulo se caracteriza por un límite de tiempo para su resolución. Normalmente, los precios rompen el triángulo en un punto entre dos tercios y tres cuartos de la profundidad del triángulo.
- Los volúmenes en la fase de formación de las ondas triangulares pierden fuerza y luego explotan cuando se rompe la línea de tendencia que delimita la figura.
- El objetivo mínimo para las tendencias de precios se calcula proyectando la altura máxima del triángulo.

La figura en cuestión puede presentarse de acuerdo con tres estructuras diferentes:

Triángulo simétrico que tiene las líneas de tendencia que lo delimitan que es convergente.

Los precios tienden a moverse en un rango que gradualmente se vuelve más estrecho con el paso de las sesiones debido a una reducción constante de los máximos y también debido a una reducción constante de los mínimos.

Triángulo descendente caracterizado por una línea de demarcación plana, la inferior, y por una línea de tendencia bajista, la superior.

En esta figura, habrá una mayor convicción por parte de los bajistas y se encuentra a menudo durante una tendencia a la baja.

La reducción en el rango dentro del cual se mueven los precios ocurre solo gracias a un aumento en el mínimo, mientras que los máximos permanecen casi sin cambios.

Justamente tal comportamiento hace evidente la mayor presión de los compradores con respecto a los vendedores y atribuye a esta cifra un valor alcista.

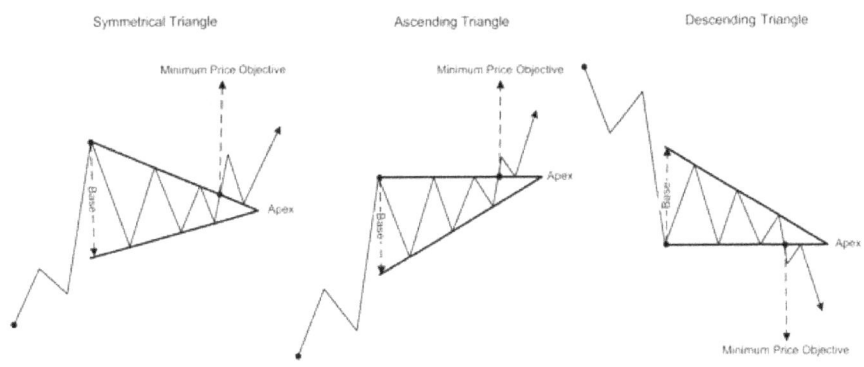

Triángulo descendente

La figura representa una estructura simétrica, lo que dificulta su interpretación. En el tercer caso, por otra parte, hablamos de un triángulo ascendente, caracterizado por una línea superior de demarcación plana y una línea, la línea inferior ascendente. Este patrón indica una mayor fuerza de la tendencia alcista y se encuentra a menudo durante una tendencia alcista.

Independientemente de la configuración, ya sea simétrica, ascendente o descendente, es posible calcular el objetivo de la figura, es decir, el nivel que los precios deben alcanzar en la fase posterior a la ruptura.

Esto se calcula proyectando desde el punto de ruptura la "base" del triángulo, es decir, el ancho máximo que registró la figura durante su formación.

Ensanchamiento

Esto representa una figura bastante rara, clasificada como una variante del triángulo pero que presenta una apertura contraria con líneas de tendencia divergentes. Es una cifra que aparece al final de una tendencia, generalmente alcista.

La dinámica de los volúmenes es diferente de la de los triángulos, ya que el volumen se expande gradualmente junto con el aumento de la oscilación de los precios.

La séptima cifra que vamos a examinar tiene que ver con el diamante.

Diamante

Además el diamante, como figura de inversión, es uno de los más raros y uno de los menos fáciles de detectar.

Gráficamente, el diamante está formado por una figura doble compuesta por una primera mitad que recuerda la forma de un ensanchamiento y de una segunda mitad que se asemeja a un triángulo simétrico.

Un diamante puede presentarse en dos circunstancias:

- Al final de una tendencia alcista
- Al final de una tendencia bajista.

En el primer caso, lleva el nombre de "Diamante Superior"; lo que a su inversa, se refiere a un "Diamante Inferior".

La figura no siempre se desarrolla simétricamente. A menudo, la segunda mitad se prolonga en el tiempo más que la primera.

Por su naturaleza, el diamante necesita fases de mercado muy dinámicas. La figura del Diamante también puede ocurrir durante las rupturas simples de la tendencia.

Por esta razón, es más fácil encontrar el diamante en la cima de una tendencia alcista antes de una reversión bajista, en lugar de al revés.

La dinámica de los volúmenes va de la mano con la de los precios. Es decir, si los volúmenes aumentan, los precios aumentan. En la segunda mitad, sin embargo, si los precios caen, en consecuencia también los volúmenes.

Hay 4 elementos básicos a identificar en su formación:

- Una fase inicial de expansión de precios.
- Un máximo
- Un mínimo
- Una fase de contracción de precios.

El patrón solo se completa cuando el soporte o la línea de resistencia se rompen y un retroceso a la línea de tendencia violada no siempre ocurre.

El precio mínimo objetivo es igual a la distancia vertical máxima entre las dos partes extremas de la figura proyectada en la parte inferior (o en la parte superior) con respecto al punto de ruptura del soporte o la resistencia.

Es posible, incluso para el diamante, calcular un precio objetivo.

Es suficiente proyectar el ancho máximo de la figura y proyectarlo desde el punto donde ocurrió la ruptura.

En el caso de que se configure como una figura de continuación, también es posible derivar un segundo objetivo, proyectando el ancho del movimiento que precedió al comienzo del diamante, desde el punto de la ruptura final.

La octava figura que estudiaremos será una figura lo suficientemente difícil de examinar y representar, el redondeo y el pico.

Redondeo y Pico

Esto representa una de las muchas figuras de inversiones, que se presenta como un movimiento lento y gradual en los mínimos que primero tendrá un ligero descenso, luego lateral y luego mostrará un movimiento creciente.

El patrón es uno de los más lentos de todos los análisis gráficos y, por lo general, es identificable en los gráficos a más largo plazo.

Es realmente difícil establecer el momento preciso en que la figura puede considerarse completa, si no después de los primeros aumentos sustanciales. Más difícil será identificar objetivos ascendentes.

El pico también es muy especial. Las cifras en cuestión muestran, sin ningún período de transición, una reversión repentina de las citas. Una inversión acompañada de una explosión de volúmenes.

Debido a sus características, la figura en cuestión es difícil de identificar por adelantado.

Doble Superior y doble Inferior

Además, esto cae en las categorías de las cifras de inversión, que recordamos son figuras gráficas particulares que anuncian una inversión de la tendencia actual. La figura en cuestión resulta ser una figura muy común en el análisis gráfico y, junto con otras figuras, las figuras de doble fondo y doble superior se encuentran entre las formaciones más comunes y reconocibles.

Explicaremos brevemente en dos pasos esenciales su funcionamiento:

1. El mínimo doble se encuentra en el pico de una tendencia bajista y se configura como mínimo, un rebote subsiguiente y una caída posterior al nivel del mínimo anterior. El ascenso que sigue, si se rompe al alza y con volúmenes el máximo anterior, lleva a la finalización de la figura. El patrón, debido a su forma, también se denomina formación en W. Los volúmenes crecen durante la formación del primer mínimo, bajan en el siguiente rebote y luego aumentan nuevamente durante el movimiento ascendente que completa la figura.

Básicamente, se realiza el doble mínimo, siguiendo una clara tendencia bajista, en la que los precios prueban dos veces un umbral de precios, pero sin poder superarlos. Esto determina la realización de dos mínimos ligeramente espaciados en el tiempo. Doble mínimo y doble máximo.

2. Además, las características del doble máximo son las mismas, pero el patrón tiene un desarrollo secularmente opuesto. El tope doble está a la altura de una tendencia alcista y se configura como máximo, una caída consecuente y un rebote posterior hacia el máximo anterior.

El doble máximo se logra al seguir una fuerte tendencia alcista, los precios prueban dos veces un umbral de precio, pero sin poder superarlo, y determinan la formación de dos máximos. Los volúmenes crecen en la formación del primer aumento, permanecen más bajos en la formación del segundo máximo y luego aumentan notablemente en el momento de la perforación de la línea trazable a partir del mínimo anterior.

En ambas figuras, es posible observar un retorno de los precios al nivel de finalización del patrón, en un retroceso similar al de la cabeza y los hombros que veremos más adelante, antes del inicio definitivo de la nueva tendencia alcista en el doble mínimo, y bajista en el doble máximo. Este retroceso viene acompañado de pequeños volúmenes.

La medición del objetivo mínimo hacia arriba (o hacia abajo) se calcula, calculando la distancia entre la línea que une los dos mínimos (o los dos máximos) y el primer máximo (o mínimo) relativo y proyectando este valor desde el punto de perforación hacia arriba o hacia abajo.

En esencia, el doble mínimo o el doble máximo es sin embargo una formación gráfica con un grado de confiabilidad menor que otras cifras de inversión, ya que no siempre es detectable con suficiente certeza y porque a menudo ocurre en condiciones de volatilidad tan altas que permiten la identificación de una ruptura válida.

Triple Superior y Triple Inferior

El Triple máximo y el Triple mínimo también son cifras de inversión, definidas como variantes de la cabeza y los hombros, pero a diferencia de los anteriores, los tres máximos y los tres mínimos se colocan a la misma altura.

Los volúmenes a considerar en el mínimo triple corresponden a cada aumento, a partir de un mínimo se acompaña de volúmenes decrecientes. El patrón se completa cuando la línea obtenida al unir el último máximo con volúmenes extremadamente altos se rompe hacia arriba. (triple maximo)

En el triple máximo, cualquier corrección descendente a partir de un máximo está acompañada por una disminución de los volúmenes y, en consecuencia, se puede decir que la cifra está completa cuando el nivel obtenido al unir los últimos mínimos se viola a la baja con volúmenes en gran crecimiento. Sin embargo, en el mínimo triple, el objetivo mínimo es común al que se usa para la cabeza y los hombros, una figura que veremos en breve, si no también, igual al doble mínimo y al doble máximo, según la altura de la figura.

Cabeza y Hombros

Esta es también una figura de inversión y es uno de los patrones gráficos más confiables. Según algunos autores, la figura en cuestión es la más poderosa entre todas las que se encuentran en una tabla.

El gráfico de cabeza y hombros se presenta como se puede deducir del siguiente gráfico, que consiste en tres aumentos consecutivos, intercalados con dos inversiones bajistas. El segundo aumento es generalmente más robusto que el otro y representa la cabeza, el primero y el tercero representan los hombros y son menos pronunciados que la cabeza. La terminación de la figura se obtiene perforando la línea, uniendo los dos mínimos de reacción, llamada Neck-line. La lógica que subyace a la formación es simple. El precio no puede confirmar su fortaleza, no crea nuevos máximos y la tendencia se deteriora. La sucesión de altibajos ascendentes, una dinámica fundamental para definir una tendencia alcista, está condicionada.

Durante la primera fase, se produce la formación de un máximo acompañado de volatilidad y altos volúmenes. Después de un retroceso parcial, los precios alcanzan un nuevo máximo, sin embargo, registrando una reducción en los volúmenes. Después de un nuevo retroceso, los precios hacen un nuevo máximo relativo, más bajo que el anterior y acompañado de volúmenes reducidos. La terminación de la figura requiere la ruptura de la Neck-line, que coincide con la línea recta que une los dos puntos en los que los precios han retrocedido parcialmente (2 y 4). En la ruptura, la volatilidad y los volúmenes vuelven a ser altos. El momento de ruptura puede ser seguido por un retroceso, es decir, un movimiento de retorno de precio cerca del cuello (que, en esta fase, asumirá el papel de resistencia).

La línea que une la base formada por los dos mínimos de reacción es fundamental. Esta línea también se denomina "linea de coello", o la linea de coello, y su importancia se deriva del hecho de que la cifra se completa solo cuando el precio profundiza este nivel hacia abajo.

El cuello suele ser horizontal o inclinado en la misma dirección que la tendencia a invertir. En este último caso, tiene mayor valor.

Generalmente, después de que se rompe el cuello, hay un movimiento de precios que regresan hacia el cuello mismo, en una dinámica llamada "retroceso". Si los precios no regresan por encima del cuello, se completa la confirmación de la perfección de la figura.

Operacionalmente, es posible cerrar las posiciones largas en la ruptura de la línea de tendencia de la tendencia alcista que une los mínimos ascendentes en la parte inferior de la cabeza, pero antes de abrir cualquier posición corta, se espera una brusca ruptura de la línea del cuello.

La "cabeza y los hombros" se pueden configurar tanto como una figura bajista como una figura alcista. En el segundo caso, los tres máximos descritos anteriormente se reemplazarán por tres mínimos, pero la evolución de la figura, también desde el punto de vista de los volúmenes y la volatilidad, seguirá siendo la misma. El objetivo se puede calcular proyectando el ancho de la figura (coincidiendo con la distancia entre la "cabeza" y la línea del cuello) desde el punto de ruptura. Entre las cifras de inversión, la "cabeza y hombros" es quizás la que, una vez completada, proporciona el mayor grado de confiabilidad, determinando el logro del objetivo en un tiempo bastante corto, generalmente más bajo que el de la FIG.

En el desarrollo de una cabeza y hombros, la dinámica de los volúmenes es un aspecto fundamental. Los tres máximos, el hombro izquierdo, la cabeza y el hombro derecho deben tener volúmenes bajos. Para dar una confirmación más fuerte a la perfección de la figura, la ruptura del cuello debería ocurrir con volúmenes en explosión, mientras que los de la posible retracción deberían volver a disminuir con un aumento en el movimiento descendente posterior.

La reputación de la cabeza y los hombros también se debe a su capacidad para dar al analista gráfico objetivos de precios precisos, una característica que permite saber ya en el momento de la entrada en la posición que serán las ganancias probables de la operación pero también cuáles serán los riesgos relacionados. También se pueden posicionar los stop loss necesarios para defender sus inversiones.

Por lo tanto, vemos que el primer objetivo mínimo viene dado por la proyección hacia abajo de la distancia calculable entre la línea del cuello y el vértice de la cabeza, mientras que el segundo objetivo se obtiene al agregar al primer objetivo, la extensión del hombro derecho.

La variante de cabeza y hombros es la cabeza invertida del hombro, una poderosa figura de inversión que se puede encontrar en los mínimos del mercado y al final de una tendencia bajista o alcista. La figura en cuestión está formada por tres mínimos consecutivos, donde el segundo mínimo es más extenso que el primero y el tercero. Además, en este caso, la tendencia actual se deteriora entre la cabeza y el hombro derecho.

El resultado es la falta de la característica principal de una tendencia bajista, es decir, la de la alternancia entre las caídas más bajas y más altas.

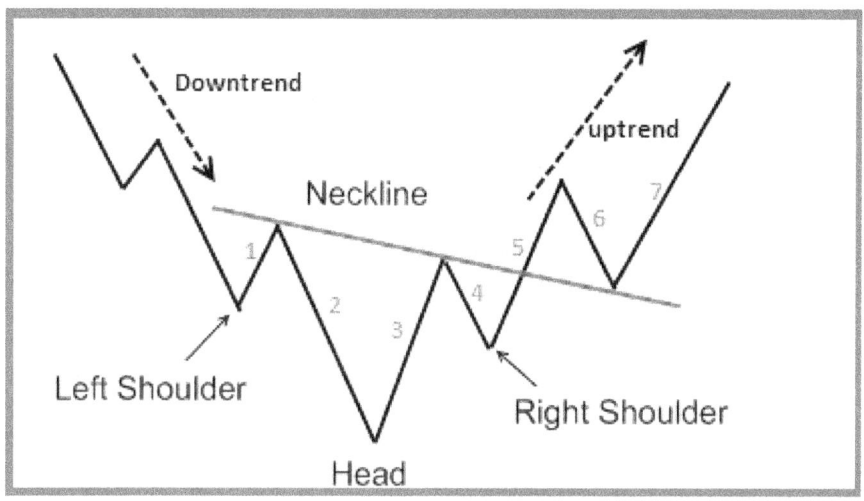

Al seguir estos patrones, obtendrá fácilmente una ganancia de $10,000 por mes, incluso si comienza con un pequeño capital de $10,000.

Capítulo 5: Elija su Estilo de Negociación

Ahora que hemos pasado un tiempo hablando sobre el comercio de divisas y cómo comenzar a utilizarlo e hicimos toda la investigación, es hora de trabajar para lidiar con los estilos de negociación reales. Si la moneda es buena (que debería poder determinar a partir de la investigación que realizó anteriormente), es hora de elegir la estrategia que va a utilizar para comenzar. Tenga en cuenta que si va con un par de divisas popular, el precio será alto para empezar y puede ser difícil comenzar.

Antes de ver algunas de las estrategias que puede utilizar con el comercio de divisas, debemos recordar que no es una buena idea perseguir un par de divisas. Perseguir significa que aumentará su precio de compra rápidamente porque está desesperado por obtener las acciones en lugar de alguien más. Esto es algo realmente malo con lo que trabajar, porque sus emociones comenzarán a correr y con frecuencia gastará mucho más en el par de divisas (y a veces será un mal par de divisas) de lo que valen. Eventualmente, los compradores que persiguieron el par de divisas encontrarán que el valor de los pares de divisas bajará y el precio irá de la misma manera, lo que hará que sea difícil venderlas, incluso por una pérdida.

Una cosa que debe recordar es que es importante elegir una estrategia con la que quiera trabajar y luego seguirla. La mayoría de las estrategias que se describen a continuación, así como algunas de las otras que puede encontrar o escuchar en su trabajo, le ayudarán a obtener un buen retorno de la inversión si aprende a usarlas correctamente y no las utiliza saltando inconcientemente de una estrategia a otra.

Algunos principiantes descubren que cuando hacen un intercambio y no funciona mientras usan una estrategia, intentarán pasar a otra estrategia y la usarán para darles algunos de los resultados que necesitan. Asumen que había algo mal con la estrategia inicial y que solo necesitan probar algo más. El problema viene cuando hacen esto una y otra vez, cambiando de estrategia cada vez que algo sale mal.

Este es un ejemplo de dejar que las emociones se interpongan en el camino de lo que quiere hacer. Si siempre está cambiando la estrategia que desea utilizar, nunca está aprendiendo realmente cómo usar una de ellas y todo su plan se convertirá en un desastre. Debe elegir una y realmente conocerla, entendiendo cómo funciona desde todos los ángulos y en todas las situaciones, para obtener los mejores resultados con sus operaciones. Con el tiempo, puede descubrir que es mejor deshacerse de una estrategia y cambiarla a otra por una que si funciona, o que usted encuentra que funcionará mejor con su estilo, pero nunca es una buena idea saltar alrededor de las estrategias que está utilizando todo el tiempo porque solo lo confundirán y harán que sea más difícil ver el éxito que desea con las divisas.

La buena noticia es que cuando elige una estrategia para trabajar dentro de las divisas, puede evitar los problemas de persecución o algunos de los otros problemas que pueden surgir al usar divisas y tratar de hacer una compra. Hay muchas estrategias que puede elegir para que no tenga que sentir que solo podrá usar una y no se sienta cómodo con ella. Algunas de las estrategias comerciales que puede considerar al trabajar con divisas incluyen

Comercio Intradiario

Cuando se trata de trabajar con transacciones diarias, el inversor comprará y luego también venderá con seguridad en un solo día, a veces haciéndolo varias veces durante este día con al menos uno de sus pares de divisas. Las fortunas pueden hacerse con este tipo de comercio, pero también pueden perderse rápidamente. Para que el comercio intradiario funcione, necesita tener mucha experiencia y conocimiento en su mercado, una buena estrategia y suficiente capital. No puede acceder a él en el último momento y debe poder pensar con claridad para controlar sus pérdidas.

Hay una serie de beneficios al elegir usar el comercio intradiario, incluyendo:

- Los beneficios potenciales que puede obtener serán enormes si obtiene más de una operación que sea rentable durante el día.

- El riesgo que conlleva el cambio del par de divisas o de la compañía se reducirá porque no mantendrá el par de divisas durante tanto tiempo. No es probable que la compañía cambie en solo un día.

También hay algunas desventajas que vienen con la opción de transacciones diarias, que es una de las razones por las que las personas eligen ir con uno de los otros métodos de negociación. Algunas de las desventajas que encontrará con el comercio intradiario incluyen:

- Necesita tener un saldo de cuenta que sea bastante grande antes de poder comenzar.

- Para aquellos que no están acostumbrados a trabajar en el mercado de divisas y que no pueden controlar bien sus emociones, pueden perder mucho dinero rápidamente.

- Ya que necesita usar una cuenta de margen, este tipo de negociación puede hacer que pierda más dinero del que ingresa, lo que puede ser realmente peligroso en esta opción.

Momentum Trading

La siguiente estrategia con la que puede querer iniciar es el Momentum Trading o Comercio de Impulso. Esta es una estrategia que el inversionista usaría si los pares de divisas se están moviendo rápidamente, así como en un volumen alto, yendo en una dirección. Cuando se trata de divisas, muchos de los inversores van a jugar con un impulso alcista porque, por lo general, no estarán disponibles para una venta corta.

Los pares de divisas que tienen impulso, es porque existe un zumbido alrededor del par de divisas, por ejemplo, a través de las noticias o por rumores. Para encontrar estos pares de divisas, deberá investigar un poco y leer en foros, tableros de mensajes y las noticias para saber qué está pasando. Debería poder encontrar algunos pares de divisas que estén recibiendo un poco de atención a la vez, lo que significa que los operadores van a estar jugando el par de divisas bastante fuerte para obtener el precio de una manera, y luego tomar su beneficio antes de que todo vuelva a bajar.

Es necesario que haya algunas investigaciones para que use esta opción. Debe tomarse el tiempo para observar cómo se está desarrollando la actividad de negociación en el par de divisas antes de realizar la compra. Los que tienen potencial para hacerse con el impulso son los que tienen un volumen realmente alto y los pares de divisas se están moviendo hacia arriba o en dirección opuesta en comparación con el mercado. Podrá observar estas señales mirando los gráficos y las cotizaciones del Nivel 2 y la acción del precio.

Entonces, una vez que tenga una lista de los pares de divisas que le gustaría usar, es el momento de realizar la compra. Querrá comprarlas lo más rápido posible, al precio más bajo posible, antes de que el impulso comience a disminuir nuevamente. Una vez que sea el propietario de las divisas, debe estar listo para comenzar, observar los cambios en el mercado, mirar los gráficos y ver si hay nuevos documentos o noticias. Si ve que hay algo negativo en el par de divisas, como las malas noticias, los malos indicadores o una tendencia negativa, debe tratar de hacer una venta rápida para cortar las perdidas antes de continuar. Esta no es una industria en la que espera para ver si mejora.

Por otro lado, si el ímpetu sigue subiendo, aún deberá mantener los pares de divisas y esperar hasta que algunas de las ofertas comiencen a acumularse. Si el impulso aumenta cuando recibe estas ofertas y son lo suficientemente altas como para que las considere, es posible que desee ir con una de ellas. El impulso puede dejar de subir en cualquier momento y podría comenzar a disminuir, así que haga una oferta con la que se sienta cómodo antes de que empiecen a cambiar las mareas. Puede haber una posibilidad de ganar más si las mantiene por más tiempo, pero si lo hace por mucho tiempo, lo perderá todo, por lo que es mejor obtener lo que pueda de ellas.

Algunos de los beneficios que podrá ver con el comercio de impulso incluyen:

- A menudo, las divisas serán las que más se moverán cuando el impulso comience a moverse, lo que significa que podrá ganar mucho dinero en un corto período de tiempo.

- Podrá encontrar una gran cantidad de información a través de los foros y otros sitios para elegir los pares de divisas adecuados para usted.

Si bien esta es una excelente manera de ganar algo de dinero en poco tiempo, también hay algunas desventajas que debe tener en cuenta. Algunas de las desventajas de usar el comercio de impulso incluyen:

- A veces, las divisas serán volátiles, por lo que su oportunidad de vender y obtener ganancias puede ser demasiado corta para ganar algo.

- Las empresas que tienen agendas de dilución a veces pueden retrasar un impulso.

- Hay algunas personas que usarán esta idea para que más personas quieran sus pares de divisas. Falsificarán el rumor y las noticias, así que debe tener cuidado al trabajar con ellos.

Swing Trading

Otra opción con la que puede trabajar es el swing trading. Este tipo de comercio es bueno si está trabajando en un par de divisas que tiene el potencial de moverse en un corto período de tiempo. Por lo general, esto será para los pares de divisas que se moverán dentro del día, pero pueden durar hasta cuatro días. Este es un tipo que utilizará un análisis técnico para buscar un par de divisas que pueda tener un impulso para su precio en el corto plazo. Con este, usted no estará tan interesado en los valores del par de divisas, sino en las tendencias y patrones de su precio.

En un mercado perfecto, los pares de divisas se negociarán por debajo o por encima de un valor de referencia o un promedio móvil. Las divisas van a utilizar esto como niveles de resistencia y de soporte. Cuando experimente con los gráficos, podrá ver un conjunto de promedios móviles que se ajustarán a las acciones del precio y esto puede ayudar con las decisiones durante la negociación. Alguien que haya estado en el mercado de divisas por algún tiempo sabría que debería comprar cerca del fondo de la media móvil, pero luego vendería antes de que alcance la media móvil objetivo.

Hay bastantes ventajas que pueden venir con esta opción, que incluyen:

- Este es un buen estilo para usar para los principiantes, que están tratando de ingresar al mercado y todavía no obtienen algunos beneficios.

- Los jonrones no se suelen hacer con el swing trading, pero si se detecta el comienzo de una nueva tendencia alcista, existe la posibilidad de obtener grandes ganancias.

- Puede utilizar los conceptos básicos de este tipo de negociación en cualquier mercado que desee. Los pares de divisas de gran tablero, los futuros, XCM y Forex también utilizan el swing trading.

Si bien hay bastantes aspectos positivos que vienen con el uso de monedas, también hay algunas cosas que debe tener en cuenta. El swing trading no es una opción que a todos les va a gustar. Algunas de las desventajas de elegir el swing trading como su estrategia incluyen:

- Es difícil encontrar ese mercado perfecto donde una divisa en particular va a terminar operando entre la resistencia y los niveles de soporte. Esto puede ser incluso más difícil de predecir cuando hay una tendencia bajista fuerte o una tendencia alcista fuerte en el trabajo.

- Las divisas pueden dificultar el tiempo de compra de la manera correcta, especialmente cuando se trata de dilución en el par de divisas que compró.

Comercio Técnico

El comercio técnico es una buena opción cuando se trata de ver todos los puntos de su estrategia comercial. Este utilizará un análisis técnico para ayudarlo a encontrar los pares de divisas correctos con los que le debería negociar, así como para configurar su entrada y luego los puntos de salida para reducir las pérdidas si se produjeran. Alguien que opte por este tipo de transacciones va a utilizar gráficos para examinar todo el historial del par de divisas, debe tomarse el tiempo para observar los indicadores que están ocurriendo y luego podrá identificar las tendencias y los patrones y que está pasando con el precio.

Hay algunos grupos de indicadores diferentes que puede utilizar para trabajar con el comercio técnico. Algunos de estos incluyen:

- Indicadores de fortaleza: estos son los indicadores que van a comparar su precio actual con el de su historial. Esto ayuda a mostrar cuán débil o fuerte será el par de divisas. El indicador de fuerza relativa es el más común de usar con esto. A menudo se muestra en la parte superior de sus gráficos e indicará cualquier sobrecompra así como las condiciones de precios de sobreventa. Muchas veces, esto puede ser una sugerencia para ayudarlo a comprar y vender al precio correcto para un par de divisas.

- Promedios móviles: estos son conocidos como MA y son indicadores que se generarán promediando los niveles de precios a lo largo del tiempo. Estos pueden ayudarle a ver con qué frecuencia los movimientos del par de divisas están por debajo o por encima de sus promedios. Estos se conocen como cruces y, a veces, también pueden indicar desgloses, algo que es importante para un operador que está tratando de elegir con qué par de divisas le gustaría trabajar.

- Análisis de patrones: esta es la evaluación de sus gráficos para identificar las formaciones de precios, como las formas que aparecen en la historia. A veces puede ver cuñas, triángulos, tazas, asas y más para el par de divisas con el que desea trabajar. Estas formaciones a veces se pueden utilizar para ver el futuro y determinar si habrá algún movimiento hacia arriba o hacia abajo. A menudo son causadas por las fuerzas del mercado, pero una que aparezca, ya sea natural o no, afectará la acción de ese par de divisas.

- Análisis de rango: aquí es donde usarán juntos algunas cosas diferentes, como el rango de precios y los precios de apertura y cierre para determinar sus niveles de resistencia y soporte. Estos pueden ayudarlo a determinar cuál es la mejor compra, así como los puntos de venta, y pueden brindarle otra información, como los niveles de desglose y ruptura con el par de divisas.

- Análisis de brechas: Esto se hará cuando pueda encontrar las brechas en los cuadros que está viendo. Una brecha va a ser un punto que se encuentra dentro del gráfico que será causado por un precio en la apertura que es más alto que el que estaba al cierre del período anterior. La idea detrás de esto es que estas brechas generalmente se llenarán, por lo que podrá usarlas para calcular los precios de compra, ya que sabe que el precio volverá a bajar para llenar esta brecha antes de que suba.

Todas estas opciones necesitarán que use un análisis para determinar cuándo ingresar al mercado, cuánto tiempo retener las divisas y cuándo dejarlas ir para poder obtener el mayor beneficio posible y limitar su pérdidas. Hay muchos beneficios al usar este tipo de estrategia, incluyendo:

- Hay muchas personas que están en los foros y las juntas que lo ayudarán a aprender cómo usar la asistencia técnica y hablarán con usted sobre cómo identificar estos pares de divisas.

- Dentro de las divisas, estos movimientos técnicos pueden ser bastante fuertes. Esto se debe a que TA es todo lo que realmente hay para ayudarlo a juzgar un par de divisas y la forma en que se moverá el precio.

Por supuesto, aunque hay muchas personas que usarán esta opción para ayudarle a tomar decisiones con sus operaciones, hay algunas desventajas de las que tendrá que preocuparse. Algunas de estas desventajas incluyen:

- Bashers y pumpers pueden hacer que casi todos los gráficos parezcan negativos o positivos, con la esperanza de atraer inversionistas sin experiencia para realizar la acción que desean.

- Sin prestar atención a algunos de los aspectos fundamentales, como las noticias; un intercambio que se ve bien en este análisis podría dar vuelta rápidamente en solo unos minutos y podría perder dinero.

- Usar un análisis técnico puede ser difícil. Es complejo y difícil para algunas personas entender cómo usarlo.

Scalping Trading

Una de las otras estrategias que puede utilizar al trabajar en el comerico de divisas se conoce como scalping. Esto es cuando el inversor va a realizar varias operaciones a lo largo del día para obtener algunas pequeñas ganancias en uno de los pares de divisas que realmente no se mueven durante ese día. El revendedor va a utilizar la oferta y pedir propagación para que esto funcione. Ellos comprarán sus acciones en las grandes, o en algún lugar cercano a ellos, luego podrán dar la vuelta y obtener una pequeña ganancia. Este no va a generarles un montón de dinero, pero es mejor que nada; si lo planea bien y el mercado no se mueve.

Puede repetir este tipo de generar ganancias varias veces para aumentar sus ganancias. Si bien solo puede ganar unos pocos dólares en cada operación, cuando hace cientos de estos, puede ganar mucho dinero durante el día. A veces, esto se considera comercio intradiario, pero tenga en cuenta que el comercio intradiario no es el scalping. A veces, esta estrategia funcionará bien, pero debe tener cuidado porque la mayoría de los pares de divisas no se mantendrán constantes y puede terminar con uno que baje de valor a lo largo del día.

Hay algunos beneficios que se derivan del uso del método de especulación en su estrategia comercial. Algunos de estos beneficios incluyen:

- En su mayor parte, sus divisas van a tener un gran margen, lo que ayuda a darle un buen beneficio.

- Las divisas a veces van a negociarse de lado justo después de terminar con un gran movimiento o cuando intentan romper el nivel de resistencia.

- Cuando compra en la oferta y luego la vende de inmediato, obtendrá el precio más bajo en su compra y reduce el riesgo cuando vende lo más rápido posible antes de que las cosas puedan cambiar.

Por supuesto, hay algunos aspectos negativos que pueden surgir al utilizar el proceso de scalping para sus divisas. Algunos de los contras de ir con este método incluyen:

- Puede ser difícil obtener divisas debido a su volumen anémico.

- Este proceso lo hará trabajar en contra de sus creadores de mercado y esto lo hará difícil.

- Dado que las divisas son de alto riesgo y esta opción solo le dará una pequeña cantidad de ganancia, puede que no sea la mejor. Si desea intentarlo, no está mal, pero algunas personas no creen que el riesgo valga la pena.

Todas estas estrategias se han utilizado cuando se trata de trabajar con divisas y es importante averiguar qué método le gustaría utilizar de acuerdo a sus necesidades. Puede elegir cualquiera de ellos y ver algunos éxitos, pero debe tener cuidado. No va a ver los buenos resultados que desea, si se salta por todos lados y no se apega a una buena estrategia. Aquellos que tienen más éxito con las divisas, así como con algunas de las otras opciones de inversión, son los que elegirán una estrategia y la mantendrán. Considere algunas de las estrategias de las que hablamos en este capítulo y elija la que mejor se adapte a sus necesidades y le ayudará a obtener el mayor beneficio en divisas.

Capítulo 6: Las Mejores Estrategias para Alcanzar $10,000 por Mes

Independientemente de la estrategia que utilice, existen prácticas recomendadas que todos los operadores experimentados y exitosos realizan. Estas son las claves que lo ayudarán a tener éxito. Estas cosas no son solo algo que usted lee, porque su verdadera esencia está en hacerlo; así que asegúrese de aplicarlas en cada una de sus operaciones. Estas son las mejores prácticas comerciales que debe saber si su objetivo es alcanzar una ganancia mensual de $10,000.

Haga su Investigación

No se centre simplemente en las divisas que desea comprar. Tenga en cuenta que el rendimiento de los pares de divisas depende en gran medida del rendimiento general de la empresa. Por lo tanto, también debe prestar atención a la propia empresa. ¿Cómo está la empresa en el mercado? ¿Coincide bien con sus competidores? Recuerde investigar las divisas que pretende comprar, así como la empresa en cuestión.

El alcance de la investigación es, por supuesto, una gran tarea. Esta es una de las partes más importantes del comercio. También averigüe los factores que afectan a un par de divisas en particular y entiéndalos. ¿Están presentes estos factores en el momento actual? ¿Hay alguna posibilidad de que alguno de estos factores influyentes aparezca en el futuro? Si es así, ¿cuáles son las consecuencias? Cuanta más investigación y conocimiento tenga, mejores serán sus posibilidades de invertir en las divisas adecuadas.

Solo invierta el dinero que pueda permitirse perder.

Un consejo muy común que conocen todos los jugadores es el siguiente: "Juega solo con el dinero que puedas permitirte perder". Este es un consejo común dado a los jugadores. Aunque es posible que las divisas comerciales no se consideren apuestas, especialmente si no confía en la suerte pura, aún así es similar a las apuestas en el sentido de que siempre existe la posibilidad de perder su dinero. No utilice el dinero que necesita para la inscripción de su hijo o para pagar las facturas del hogar, etc. Aunque no existe la seguridad de que perderá su dinero, solo debe invertir el dinero que pueda perder. El mercado de divisas es muy volátil, por lo que es difícil garantizar que obtendrá ganancias.

Fijar un límite

Es un buen consejo, especialmente para los principiantes, decidir antes de realizar cualquier transacción, un límite en cuanto al tiempo que mantendrá un par de divisas perdedoras, así como uno rentable. El mercado de divisas es extremadamente volátil. Aunque puede esperar que su valor aumente y disminuya casi al azar, no siempre significa que un par de divisas cuyo precio acaba de disminuir pronto aumentará.

Parte de la volatilidad de las monedas es que una disminución significativa en el valor todavía puede ser seguida por otra gran caída. Por lo tanto, para reducir sus pérdidas, es importante establecer un límite en el tiempo que estaría dispuesto a mantener un par de divisas perdedoras. De la misma manera, debe saber cuánto tiempo mantendrá un par de divisas ganadoras. Nuevamente, incluso si un par de divisas experimenta continuamente un aumento en el valor, todavía existe la posibilidad de que su precio pueda caer drásticamente, casi sin previo aviso.

Buscar patrones

Se puede decir que el movimiento de los precios de las divisas es aleatorio. La cosa es que la aleatoriedad crea patrones. Y, si no es aleatorio, entonces hay más posibilidad de encontrar un patrón. Si puede identificar estos patrones en modo temprano, estará un paso adelante. Sin embargo, recuerde que los patrones son como las tendencias y en el mundo de las divisas no duran mucho.

Observar las tendencias

Analice los gráficos y tablas que muestran el rendimiento de ciertas divisas. No solo estudie su registro actual, sino que también verifique su desempeño anterior. Esta es una buena manera de saber si los pares de divisas están realmente bien o no. Además, no confíe completamente en las últimas tendencias. Aunque las últimas tendencias pueden mostrarle los rendimientos más recientes de las divisas, debe tener en cuenta que las tendencias a menudo cambian. De hecho, en el mercado de divisas, apenas verá una tendencia que durará demasiado tiempo.

Conozca las últimas noticias.

Si usted es serio sobre el comercio de divisas, debe estar actualizado con las últimas noticias. Los muchos factores que afectan los precios de las divisas generalmente se revelan en las noticias. Si bien las noticias no lo dirían directamente, debe saber que las leyes, las empresas, la economía, el comportamiento del mercado y la inflación, entre otros, pueden afectar los precios de las divisas. Tenga en cuenta, sin embargo, que aunque las noticias pueden brindarle información y perspectivas valiosas, lo que es más importa son los precios reales de forex.

Mantener la calma

Los días malos ocurren y es posible que encuentre una serie de rachas de perdidas a pesar de hacer una buena investigación. Durante ese momento o el momento en que experimenta por primera vez su primera pérdida, mantenga la calma. Repito: mantenga la calma. El mercado de divisas no se preocupa por cómo se siente, por lo que debe permanecer objetivo y enfocado. Si no puede controlarse, simplemente apague rápidamente la computadora o el teléfono móvil.

No sea avaro

Especialmente para los principiantes, se recomienda que se limite a obtener ganancias pequeñas pero regulares. Muchos operadores inexpertos pierden su dinero no por comprar el forex equivocado, sino por mantener los pares de divisas durante demasiado tiempo. No subestime la naturaleza altamente volátil del mercado de divisas. Aprenda a vender, retirar su dinero y disfrutar de aus ganancias.

Mantenga su emoción bajo control

No seas un comerciante emocional. Aunque es bueno sentirse apasionado por el comercio de divisas, no deje que su pasión ciegue su juicio. Nunca realice ninguna negociación cuando esté bajo presión y trate el comercio de divisas como un negocio.

Tome su propia decisión

Aunque es recomendable leer las opiniones de los "expertos", es incorrecto dejar que dicten sus decisiones de inversión. Desafortunadamente, muchos de estos llamados "expertos" son piruetas y fraudes. Se promocionan como expertos, incluso si sus pérdidas totales superan sus ganancias. Por supuesto, todavía hay algunos verdaderos expertos, pero incluso los mejores traders siguen cometiendo errores de vez en cuando. Después de todo, el proceso de desarrollo de su estrategia comercial es un viaje de por vida.

En lugar de confiar en el asesoramiento de expertos, debe desarrollar su propia comprensión del mercado de divisas y tomar sus propias decisiones. Puede comparar sus decisiones con los consejos dados por los "expertos" y ver qué tan bien coincide. Por supuesto, también debe verificar el resultado real de una operación en particular para ver si ha tomado la decisión de inversión correcta.

No persiga sus pérdidas.

Este es otro consejo dado a los jugadores. Desafortunadamente, aunque este consejo es muy común, muchos todavía no lo observan. Hay varias formas de perseguir sus pérdidas, pero todas ellas generalmente conducen al mismo desafortunado resultado. Por lo general, persigue sus pérdidas invirtiendo más justo después de perder una operación. Cuando pierde, tiene este fuerte impulso de recuperar su dinero. Otra cosa que la gente hace es aferrarse continuamente a la pérdida de pares de divisas, pensando que una vez que los venden, ya no ahorrarán su inversión perdida. De cualquier manera, usted está en el lado perdedor con solo una pequeña esperanza de recuperar sus pérdidas. Lo malo aquí es que usted apuesta todos sus fondos para recuperar algunas pérdidas. Por lo tanto, el riesgo es realmente alto.

Una buena manera de evitar esto es aprender a aceptar sus pérdidas. Si ciertas divisas no cumplen con sus expectativas, aprenda a aceptar sus pérdidas vendiéndolas y volviendo a empezar. Cuando se involucra seriamente en el comercio de divisas, perder en algunas inversiones es normal. Después de todo, una vez que tenga suerte y alcance pares de divisas realmente rentables, recuperará rápidamente todas sus pérdidas y disfrutará de grandes ganancias.

Apéguese a su estrategia

Durante el proceso de ejecución, debe hacer todo lo posible para mantener su estrategia planificada; de lo contrario, no podrá medir la efectividad, así como su potencial completo. Por supuesto, hay casos en que debe abandonar su estrategia, especialmente si las circunstancias muestran claramente que continuar con su estrategia resultará en una pérdida total de su inversión.

Solo invierta en monedas que tengan un alto volumen.

Según algunos "expertos", solo debe invertir en pares de divisas que negocien al menos cien mil acciones por día. Esto sirve como una salvaguardia contra el riesgo de ser ilíquido.

Bombear sus divisas

Existe una razón por la cual el esquema de bombeo y descarga todavía existe a pesar de que muchas personas están conscientes de dicho esquema: aun funciona.

Por lo tanto, si no le importa ser un poco complicado, puede promocionarse como un "experto" en el comercio de divisas. Puede colocar un sitio web y enviar boletines a sus lectores. Luego puede comprar divisas baratas, usar sus conexiones para ganar interés en los pares de divisas y venderlas a un precio superior. Si usted es del tipo que puede convencer a la gente de hacer lo que quiere, entonces esta puede ser una forma fácil de ganar dinero. Sin embargo, si usted es del tipo que no puede hacer un poco de artimañas (lo cual es algo muy bueno para usted), entonces simplemente puede aprovecharse de las personas que bombean y descargan sus pares de divisas. ¿Cómo? Simplemente compre sus divisas, preferiblemente antes de que las bombeen o tan pronto como sea posible mientras bombean su valor. Luego, puede esperar a que su precio aumente, venda sus divisas y obtenga algunas ganancias.

Mantenga un diario

Escribir un diario no es obligatorio, pero es muy útil. No tiene que ser un escritor profesional para escribir una revista. Lo importante es que sea honesto con todo lo que escribe.

Hay muchas cosas que puede escribir en su diario. También es bueno escribir sus objetivos y las razones por las que desea operar con forex. Además, escriba cualquier lección y error que haya aprendido. Es su diario, así que no dude en escribir sobre cualquier cosa y todo sobre su aventura comercial. Un diario le permitirá pensar fuera de la caja y ser un comerciante más inteligente .

Tomar un descanso

El comercio de divisas tiene un factor de juego: puede ser adictivo. Es algo que puede hacer por horas sin estar cansado. Le podría gustar más jugar que trabajar. Sin embargo, cuando se dedica a la investigación, que es una necesidad, ese es el momento en el que definitivamente sentirá que el intercambio de divisas implica un trabajo serio. Permítase tomar un descanso de tiempo en tiempo. Recuerde que tendrá más claridad mental si se da la oportunidad de descansar.

Reciba las últimas actualizaciones rápidamente

Los comerciantes exitosos reciben las últimas noticias y responden rápidamente. La forma de aprovechar el impacto de las noticias en los precios de los pares de divisas es realizar las acciones comerciales adecuadas justo antes de que otros se den cuenta. Por ejemplo, cuando vea que sus divisas pronto experimentarán una caída masiva en su valor, véndalas de inmediato. Además, si es posible, conozca las noticias antes de que se publiquen en público. Para aumentar la probabilidad de que ciertos pares de divisas aumenten de valor, los pares de divisas también deben promoverse de manera efectiva. Por lo tanto, es útil si puede unirse y participar activamente en grupos y foros en línea sobre el comercio de divisas.

Centrarse en los pares principales

Una de las mejores cosas del mercado de divisas es que es un lugar donde puede encontrar muchas empresas de nueva creación. Seguramente, un buen número de estas empresas lo harán bien. Desafortunadamente, algunos de ellas tendrán un mal desempeño e incluso pueden quebrar. Sin embargo, si logra obtener los pares de divisas de las nuevas y buenas compañías desde el principio, se encontrará en una posición ganadora.

Por lo tanto, debe hacer un esfuerzo para investigar y analizar las diferentes empresas de nueva creación que participan en el mercado de divisas. Al analizar una empresa en particular, también mida cómo se compara con sus competidores en el mercado.

Las empresas en crecimiento tienen mucho espacio para mejoras y, a medida que sus ganancias aumentan y continúan expandiéndose, los precios de sus divisas también aumentan.

Que se divierta

Un consejo común es que debe elegir un trabajo que disfrute. De la misma forma, debería disfrutar del comercio de divisas. Si no lo disfruta, tal vez sea una señal de que debe invertir en otro lugar. Además, puede tomar mejores decisiones cuando se divierte.

Elija las divisas adecuadas

Siempre elija las divisas adecuadas para invertir. ¿Cómo sabe cuales son las correctas? Investigue lo suficiente. Nunca comience una negociación sin suficiente investigación. Tenga en cuenta que un poco de investigación no es suficiente. Las investigaciones realizadas sin esfuerzos serios son tan buenas como el mero lanzamiento de una divisa. Además, es posible que los pares de divisas más rentables y atractivos no siempre sean las monedas adecuadas para invertir. Después de todo, no importa lo que digan los medios de comunicación, lo que cuenta son los números en el mercado de divisas.

Ser paciente

La paciencia es importante cuando intercambias divisas. No se apresure a hacer una orden de compra simplemente porque tiene fondos en su cuenta. Además, muchas veces, para aprovechar la alta volatilidad del comercio de divisas, tendrá que esperar un tiempo. Toma nota ya que cada acción que haga es esencial. Los pares de divisas que compra hoy son los pares de divisas que pronto venderá. Sea paciente, espere el momento adecuado y actúe en consecuencia.

Utilizar la alta volatilidad a su favor.

Aunque muchas personas evitan el comercio de divisas debido a su alta volatilidad, es esta naturaleza volátil de forex lo que las convierte en una inversión rentable. Con alta volatilidad, dominar el famoso principio para ganar dinero es la clave para obtener ganancias: comprar cuando el precio es bajo y vender cuando el precio es alto.

Capítulo 7: Nunca Olvides Estas Cosas

Como principiante, puede estar un poco preocupado por comenzar a operar con el comercio de divisas. Estas tomarán una ruta diferente en comparación con trabajar con las opciones tradicionales del mercado de divisas y, a veces, es difícil encontrar la información que necesita sobre la compañía antes de hacer la inversión que desea. Dicho esto, es posible tener éxito al usar divisas, solo debe tener cuidado con las decisiones que tome con las divisas y tomarse su tiempo para ver realmente los resultados. Algunos de los consejos que puede seguir cuando comienza con las divisas para ayudarlo a tener éxito incluyen:

Ignore algunas de las historias de éxito.

La primera vez que comience con las divisas, recibirá mucha información y correos electrónicos sobre las historias de éxito de otras personas que lo han hecho bien con las monedas. Estos se encuentran en los sitios de redes sociales y en los correos electrónicos, pero a menudo se trata de circunstancias inusuales, o la información está inventada.

En lugar de centrarse en esto, debe mirar los pares de divisas por su cuenta y ver si van a resultar posivitamente para usted. Simplemente ignore todas las historias de éxito, ya que la mayoría de ellas serán para poder realizar una compra determinada. Haga su investigación y aprenda sobre el mercado para determinar cuáles son los adecuados para usted.

Lea a través de los descargos de responsabilidad

Si está recibiendo un boletín informativo sobre las divisas, debe tener cuidado con los consejos que está leyendo. No hay nada de malo en seleccionar algunos de los pares de divisas de estas opciones, pero debe tener en cuenta que la mayoría de ellos son consejos de ventas y para dar exposición a compañías que, en su mayor parte, son realmente malas y podrían terminar haciéndolo perder mucho dinero

La mayoría de los boletines que puede elegir no le darán la historia completa. Las personas que los escriben lo harán para bombear su par de divisas y no le dirán el momento adecuado para vender los pares de divisas. Trabajarán arduamente para que compre sus pares de divisas y nunca más volverá a tener noticias de ellos. Está bien leer algunos de estos para obtener información, pero cuando los descargos de responsabilidad establecen que están escritos como una promoción para una compañía u otra, usted sabe que los consejos son más bien un argumento de venta en lugar de un buen consejo.

Vender rapidamente

Uno de las cosas atractivas que escuchará sobre las divisass es que puede obtener un gran retorno de la inversión, hasta un 30 por ciento, en un corto período de tiempo. Si desea obtener un retorno de la inversión como este con las divisas, deberá vender sus pares de divisas rápidamente después de comprarlas. Desafortunadamente, en lugar de estar contentos con el 30 por ciento, la gente se volverá codiciosa y buscará un gran rendimiento. Teniendo en cuenta que a veces las divisass se bombean y la industria es volátil, debería estar contento con lo que recibe, o puede perder mucho dinero.

Tenga cuidado al escuchar la gestión del fondo.

Debe ser muy cuidadoso con la gente que está escuchando en el comercio de divisas, incluso cuando se trata de la gestión de fondos de las divisas de pares de divisas con las que está trabajando. Estas compañías están tratando de trabajar para obtener los pares de divisas. Cuando la divisa se empareja, estas empresas pueden recaudar más dinero y es más probable que sigan en el negocio. En algunos casos, es posible que ni siquiera sean empresas, sino básicamente personas con información privilegiada que intentan enriquecerse.

De hecho, la mayoría de las promociones que verá provendrán del mismo grupo de personas que usarán diferentes compañías y comunicados de prensa para promocionarlo y ganar algo de dinero extra. Es posible que hayan comprado los pares de divisas a un precio más bajo y ahora quieran crear una gran cantidad de rumores para que pueda realizar una compra mucho más alta de lo que pagaron.

Entre las personas que usan la bomba y el basurero para ganar dinero y las compañías que están preocupadas por hundirse y quieren que usted esté de acuerdo con ellos para evitar que fracasen, es difícil saber qué divisas son seguras. Debe pensar independientemente de las noticias y algunas de las promociones que escuche antes de seleccionar los pares de divisas en los que desea invertir. Con una buena investigación y siendo crítico con las cosas que escucha, es más fácil elegir las divisas que son realmente buenas y ganar el dinero que desea.

Centrarse en el alto volumen

Cuando esté comenzando, es mejor usar solo pares de divisas que tengan un mínimo de 100,000 acciones negociadas cada día. Si va con un par de divisas que es demasiado bajo en volumen, a veces es muy difícil salir de este problema. Además, los expertos recomiendan que elija los pares de divisas que se venden por más de 50 centavos por acción. Ir con pares de divisas que tienen un precio más bajo que esto puede parecer atractivo, pero a menudo no se consideran lo suficientemente líquidos como para jugar con ellos. Pero si selecciona los pares de divisas que obtienen más de 100,000 acciones por día y están por encima de los 50 centavos por cada acción, tendrá más suerte para que se vendan bien.

Elija el mejor par de divisas del grupo

Debe asegurarse de elegir uno de los mejores pares de divisas que pueda encontrar, especialmente cuando es un principiante en esta industria. Algunos expertos recomiendan que encuentre un par de divisas que tenga ganancias en general realmente buenas o una que haya superado sus máximos promedio de 52 semanas en volumen. Algunos de estos son fáciles de encontrar, pero el truco con estos es que usted debe encontrar aquellos que tengan estos máximos, pero no debido a un esquema de bombeo y descarga. Querrá que los máximos sean porque otros están interesados en el par de divisas y el valor aumenta de forma natural, no debido a un rumor que se crea para inflar el precio.

Nunca se enamore de una sola divisa

Cuando se trata del mercado de divisas y las divisas, no puede enamorarse de un solo par de divisas. Cuando decida que un par de divisas, y solo uno, es la opción con la que irá, terminará fallando. No mirará el par de divisas de una manera objetiva y esto puede hacer que sea difícil mantener sus armas y asegurarse de que esté pensando en obtener ganancias.

Siempre va a haber vendedores que pueden venir a usted con una gran historia sobre su compañía y lo harán enamorar de su producto. Pero su trabajo es mirar algo objetivamente para averiguar si realmente le va a generar el dinero que promete. Con una buena investigación y trabajo duro, podrá encontrar las opciones correctas para sus necesidades sin caer en la presa de otros que quieren su dinero.

Capítulo 8: 59 Consejos para Convertirse en Un Exitoso Comerciante e Inversor

En este capítulo, profundizaremos en el tema y descubriremos las 59 lecciones de oro que todo comerciante debe conocer, antes de ingresar al mercado de divisas. Además, discutiremos algunos conceptos clave para ser un buen inversionista también en otros campos.

1. El dinero fácil es como Papá Noel: ¡no existe!

Quien promete quintuplicar sus activos sin sudar no es más que un vendedor de humo. Invertir en el mercado de divisas no es una broma y para lograr los objetivos de inversión, se debe proponer evitar los valores de riesgo, centrándose en algo más estable, duradero y rentable. En la receta para el éxito, además de un conocimiento serio de los mercados de divisas, también está el componente sentimental (para aquellos que invierten no hay espacio para el pánico sino mucha paciencia) e incluso un poco de suerte.

2. El oro y el efectivo no dan intereses.

Todo el mundo sabe que el efectivo no desaparece, pero después de las extrañas maniobras del Banco Central Europeo (que generó rendimientos negativos en la moneda única), podemos estar aún más seguros de que invertir en efectivo no genera ningún interés. El sueño de todos es poder acumular esa cantidad de dinero suficiente para disfrutar de una jubilación tranquila, pero cuanto más se acerca al tiempo x, más tiende a asustarse el pequeño inversionista. Por lo tanto, las opciones imprudentes para invertir en efectivo o en productos básicos como el oro, que, aunque se demuestra más estable que el fiat, no pueden mantener el mismo valor para siempre. Solo piense que en el último lustro, el valor del metal más precioso cayó en un 34.8%.

3. Los ingredientes para una estrategia ganadora.

Uno de los principales factores de éxito en el intercambio de divisas es el sentimiento. La paciencia, la previsión y la prudencia son los tres ingredientes básicos de las estrategias ganadoras, pero también es cierto que un poco de riesgo nunca duele.

Si el dinero que hemos invertido en un determinado par de divisas no regresa, debería mirar a su alrededor y encontrar alguna actividad ligeramente más riesgosa pero al menos rentable, con la esperanza de que una inyección importante de dinero en los mercados pueda reiniciar la economía al estimular la productividad y desarrollo.

4. Establecer metas comerciales

Antes de comenzar a negociar, debe tener claro dónde quiere ir. Depende de las aspiraciones personales, de la confianza que uno tiene para sí mismo y de muchos otros factores. Sin embargo, la opción principal es entre proteger el capital y hacerlo crecer. Bajo ciertas condiciones, el intercambio de divisas también se presta al enfoque especulativo. Quien quiera comenzar también podría establecer objetivos concretos, como comprar un bien o un servicio. En cualquier caso, la regla es siempre la misma: entender a dónde quiere llegar.

5. Establecer el grado de tolerancia al riesgo.

Esta es probablemente la fase más importante. El mercado de divisas es, de hecho, muy variado y permite numerosos enfoques, desde los prudentes y estáticos hasta los dinámicos y valientes.

Por eso siempre es bueno establecer el grado de tolerancia. Sobre la base de esta decisión, se harán más elecciones, hasta que se realice la inversión real. Los perfiles de los inversores dependen de las características personales y de su situación económica. Si usted es un simple trabajador, no navega en oro y tal vez aquello que invierte son el ahorro de toda una vida, es bueno renunciar a cualquier ambición especulativa. El grado de tolerancia determina el riesgo que pretende ejecutar y la estrategia que se adoptará más adelante.

6. Estudiando

El tema de la información no debe ser olvidado. El mercado de divisas es complejo, estructuralmente riesgoso, por lo que debemos ser cautelosos. El riesgo es perder capital en un corto período de tiempo. Por lo tanto, es necesario emprender un curso de capacitación que confiera al menos las herramientas teóricas. El tema del estudio debe consistir tanto en las modalidades de inversión (cómo se invierte en el concreto) como en el entorno económico en general.

En cuanto a las fuentes, incluidos los textos impresos, los libros exitosos y el Internet, tiene muchas opciones.

Sin embargo, la actividad de estudio nunca abandona al inversor, incluso cuando se ha convertido en un experto. Presionar es la necesidad de actualizar continuamente, pero también para preguntar sobre todo lo que gravita en torno a los valores en la cartera.

7. Elija el largo plazo

Invertir en el mercado de divisas no debe ser una actividad de unos pocos meses o incluso unos pocos años. Debe ser una actividad continua. Es solo a través de la paciencia y la perseverancia que es posible obtener beneficios sustanciales. Esto significa que necesita construir una versión a largo plazo, que se vea al menos durante los próximos cinco años (incluso si diez son más adecuados). Esto significa que es bueno no ceder a la tentación de vender los valores tan pronto como los precios comiencen a caer. En la bolsa como en la vida vale la pena el dicho "el que ríe a el último, ríe mejor".

8. Monitoreo de su negocio

Si opta por una visión a largo plazo, como debería, entonces es esencial monitorear el estado de su inversión. No todos saben que el control y el monitoreo comienzan antes de la inversión en sí. En particular, es necesario establecer un punto de referencia, es decir, un criterio mediante el cual es posible comprender realmente si estamos en el camino correcto o no. Finalmente, es bueno hacer una comparación periódica entre los resultados esperados y los reales. Al principio, existe una fuerte tentación de abandonarse al desaliento, también porque los resultados tienden a llegar más lejos con el tiempo.

Se puede hacer una consideración general sobre el segmento dentro del cual operar. De hecho, todo depende de la tolerancia al riesgo. Si esto es muy bajo, debe abordar aquellos segmentos que por su naturaleza no sufren la crisis. La referencia es a aquellos bienes cuyo consumo es prácticamente obligatorio, es decir los productos alimenticios y farmacéuticos. Invertir en las acciones de las compañías farmacéuticas no lo hará rico, pero es un activo muy útil para proteger el capital. Por extraño que parezca, pero hasta cierto punto, el segmento de alta tecnología (por ejemplo, teléfonos móviles, redes sociales, etc.) también desempeña un papel similar.

Operar en el mercado de divisas puede ser un negocio que puede aumentar su capital. Además del conocimiento técnico, necesitamos algunas habilidades morales: paciencia, perseverancia, lucidez, previsión. Todas las cualidades que deben ser cultivadas y que pueden hacer la diferencia. Por el contrario, nunca le dará a las buenas ganancias un enfoque basado en la imprudencia, en la prisa, o del frenesí de la ganancia.

9. Utilizar el apalancamiento

Lo que desafortunadamente muchos operadores no consideran es invertir en el mercado de divisas o realizar transacciones online utilizando el apalancamiento. Para invertir en el mercado de divisas con poco dinero, es necesario profundizar en el estudio de esta herramienta, que nos permitirá exponer nuestro capital a un gran riesgo, pero permitirá un mayor rendimiento. Recomendamos el uso del apalancamiento solo con un capital reducido, que se lleva a cabo simultáneamente con un uso racionalizado de stop loss y toma de ganancias. Además, siempre debe tener su presupuesto bajo control mediante una cuidadosa administración del dinero. Finalmente, antes de invertir en el mercado de divisas, debe estudiar los mercados y todos los instrumentos financieros en los que desee invertir.

10. ¡No necesita ser un gurú financiero para invertir en el mercado de divisas!

Obviamente, no le estamos diciendo que no se debe estudiar el mercado o que debe haber una base para la capacitación. Quien se aplique y siga los mercados, profundizando el tema, siempre sabrá más que los demás.

Por lo tanto, siempre recomendamos seguir la ruta de capacitación de su corredor, lo que le permitirá no dar pasos erróneos durante el proceso de inversión. Aprovechando las plataformas de demostración de comercio en línea, es posible simular la inversión y comprender dónde se cometen los errores y evitarlos al invertir con una cuenta real.

11. Utilice solo corredores de confianza

Creemos que el mercado de divisas no es un mercado para todos, sino para unos pocos. Por encima de todo, no podemos recomendar el intercambio de divisas, las inversiones en el intercambio de divisas para esos temas no están inclinadas a estudiar al menos lo básico y la capacitación. En este caso, es mejor dejar de lado lo propio, ya que no es posible confiar solo en la suerte.

Nuestro consejo es que se mantenga alejado si no tiene y no quiere aprender habilidades específicas. Si no tiene una educación básica, todos los ahorros que invierta se perderán en menos de un mes. Por el contrario, en cambio, recomendamos invertir en el mercado de divisas con operaciones en línea y corredores regulados. Esto se debe a que, al estar regulado y sometido a controles estrictos, no ponen en riesgo el capital y, además, el corredor le proporcionará una formación justa y completa. A continuación encontrará una lista completa de corredores regulados y autorizados para invertir.

12. Aprender Analisis Tecnicos

El análisis técnico es el estudio de las tendencias de precios con el uso de gráficos. El interés de un analista técnico es buscar las configuraciones gráficas dibujadas por los movimientos de precios. La tendencia del mercado se evalúa para comprender los posibles movimientos futuros de los precios.

El análisis técnico puro no se basa en ningún elemento fundamental de la actividad subyacente, sino que aplica una serie de herramientas técnicas dibujadas en el cuadro, para permitir futuros cursos.

En el gráfico, los movimientos de precios generalmente están representados por barras o velas, lo que permite el análisis de precios en un determinado lapso de tiempo denominado "período de tiempo".

En una vela, el cuerpo o la parte central representa la diferencia entre abrir y cerrar en un período determinado. Las sombras, es decir, los segmentos superior e inferior, representan la diferencia entre el máximo y el mínimo del período considerado y la apertura o el cierre de la vela.

Podemos tener velas mensuales, diarias, de 1 hora, 5 minutos o incluso más cortas.

Los diferentes colores de las velas indican un aumento o caída en el período. Por lo general, una vela verde representa un aumento en los precios, lo que significa que el precio de cierre de la vela es más alto que el de apertura, mientras que la vela roja representa una caída.

Los niveles de la tabla donde los precios encuentran un obstáculo se denominan "niveles de soporte o resistencia". Un "soporte" es el nivel en el cual un precio bajista detiene su caída y potencialmente "rebota" nuevamente. El soporte más importante se prueba repetidamente y se convierte en el nivel de soporte desde un punto de vista técnico. La 'resistencia' es lo opuesto al soporte. Es el nivel en el que un precio al alza encuentra un obstáculo para seguir subiendo y, en cambio, muestra un descenso. Incluso una resistencia probada varias veces adquiere mayor importancia estratégica.

Cuando los precios determinan un nivel importante de soporte pero luego lo violan hacia abajo, este nivel de soporte se convierte en un área importante de resistencia. Lo mismo ocurre con una resistencia que, de ser violada al alza, se convierte en un nivel significativo de soporte.

Hay tantos indicadores utilizados por los analistas técnicos para intentar predecir los próximos movimientos de precios. Uno de los indicadores más utilizados es el "promedio móvil simple", que se calcula sobre una cierta cantidad de datos de precios y es móvil porque se mueve de un período a otro.

Dado un promedio de un cierto período de tiempo, los datos más recientes se agregan cada vez, eliminando del cálculo los últimos datos de la serie. La media móvil se puede utilizar como soporte o resistencia dinámica. Los períodos más utilizados en el gráfico diario para el promedio móvil son 50, 100 y 200. Si los precios muestran una tendencia alcista importante, el promedio móvil será un soporte importante a medio/corto plazo, inversamente si los precios muestran una tendencia bajista, el móvil promedio será una resistencia dinámica significativa.

13. Aprender el analisis fundamental

A diferencia de la anterior, se basa en el estudio de la empresa y su mercado de referencia.

En la práctica, se basa en los datos del balance, en la capacidad y credibilidad de la administración, en las tendencias del sector específico en el que opera la empresa. En esto caso, también hay que tener en cuenta:

- La inversión de valor
- La inversión de crecimiento
- La inversión

Todos los comerciantes tienen un estilo de inversión diferente. Cada comerciante tiene sus propias técnicas de inversión, y cada uno tiene sus propias técnicas particulares, así como sus trucos particulares y sus "secretos" particulares.

Pero no se deje engañar por la extraña idea de poder aprender a invertir leyendo artículos en Internet. Esto es imposible. Puede encontrar excelentes consejos pero no la fórmula mágica. Al máximo, podría aclarar su mente y darse una orientación general, pero para ser serio, necesita cosas más largas y profundas.

14. Analizar el estado del mercado.

Muy relacionado con el concepto de análisis técnico y análisis fundamental está el concepto de análisis del mercado general. No importa si usted es un inversionista profesional o un principiante, este será el paso más difícil que debe comprender.

En la práctica, es arte puro aplicado a instrumentos científicos. Primero debe comprender y analizar el mercado con el único propósito de formular un escenario de desarrollo plausible. Esto también significa acumular una enorme cantidad de datos y estadísticas sobre el desempeño de los valores y desarrollar la "sensibilidad" necesaria para elegir los realmente relevantes.

Si pone esto en práctica, también comprenderá por qué muchos inversores compran las acciones de una compañía en particular y no de otra.

Al mismo tiempo, siempre le recomendamos que observe los productos que tiene en casa. Si bien este elemento puede parecer inusual, es muy importante comprender que usted tiene un conocimiento directo de muchos productos y no de otros. En la práctica, le permitirá realizar un análisis rápido e intuitivo del rendimiento financiero de las empresas de fabricación, comparándolos con los de sus competidores.

Antes de invertir, debe reflexionar sobre los productos examinados. Por ejemplo, trate de imaginar las condiciones económicas por las cuales puede decidir dejar de comprarlas o aumentar o disminuir sus acciones. Este es un gran ejercicio para tener una idea de lo que una persona promedio necesita y trata como "importante".

15. Crear un plan de inversión.

Es un paso muy importante. Tiene que crear un plan de inversión, pero para hacerlo, primero debes comprender por qué quiere invertir.

Debe saber cuánto puede invertir y cuánto desea invertir para lograr sus objetivos. También debe tener ideas claras acerca de cuáles son sus objetivos.

Para hacer esto, siempre puede usar una hoja de Excel o incluso una herramienta especial para calcular cuánto tendrá que gastar para lograr sus objetivos.

En función de los ingresos que pueda invertir, calcule el tipo de inversión. No puede afirmar que desea obtener $10,000 de una inversión si lo que puede invertir en transacciones en línea o en el intercambio de divisas o incluso en otros sistemas no supera los $1000. Todo debe ser proporcionado. Comience poco a poco y aumente con el tiempo.

16. Entender la ubicación de los activos

Definido como la distribución de liquidez en los diversos instrumentos de inversión disponibles, debe variar según la etapa de la vida en la que se encuentre.

Esto significa que si es joven, el porcentaje de su cartera de inversiones en relación con las acciones tendrá que ser mayor. Por el contrario, si tiene una carrera sólida y bien remunerada, ¡su trabajo es como una obligación! Puede utilizarlo para garantizar ingresos a largo plazo.

Aquí está todo lo que le permite asignar la mayor parte de su cartera financiera en acciones.

Al mismo tiempo, debe comprender que si tiene un trabajo cuya remuneración no es predecible, como en el caso de que trabaje por cuenta propia, debe asignar la mayor parte de su cartera financiera a productos más estables. En este caso, es mejor invertir en bonos, tal vez bonos del gobierno y no en acciones.

Sin embargo, al mismo tiempo, debe tener en cuenta que las acciones permiten un crecimiento más rápido de sus activos invertidos, pero como tal conllevan un mayor riesgo.

17. Estudiar el riesgo financiero.

Otro elemento a tener en cuenta al elegir invertir en un intercambio de divisas es el riesgo financiero. Podríamos definirlo como el riesgo vinculado al hecho de que la inversión puede salir mal.

Esto también supone que el rendimiento es más bajo de lo esperado o que incluso podría volverse rojo.

Así que tenga cuidado de no subestimar este elemento. Por otro lado, es un elemento que no es fácil de entender y aceptar. Al mismo tiempo, no es infrecuente, y es debido a las diferentes dimensiones que siempre es bueno saber.

El riesgo financiero tiene, de hecho, diferentes facetas. En la práctica, podría ser de diferente naturaleza:

- Específico: vinculado al rendimiento del único instrumento que compramos.
- Sistemático: vinculado a la oscilación del mercado financiero del gerente: vinculado a las habilidades de quienes manejan el suyo.
- Relacionados con el dinero: ya sea un administrador de fondos de inversión o un planificador financiero o consultor en quien se haya confiado.
- Tiempo de mercado: la posibilidad de cometer errores al entrar y/o salir del mercado.
- Liquidez: la posibilidad de tener que vender una acción que tiene un poco de mercado (se llama un título de poca liquidez) y tener un precio bajo.
- Moneda: al comprar un valor denominado en moneda extranjera, el rendimiento también dependerá de la relación entre la moneda y el dólar.

Analizado de acuerdo con estos elementos, el riesgo financiero es un poco más complejo que la simple posibilidad de que las cosas salgan mal. Comprenderlo y saber cómo manejar estos riesgos diferentes puede, por lo tanto, cambiar las probabilidades de que las cosas vayan bien a nuestro favor.

18. Analice y descubra su tolerancia al riesgo.

Otro elemento importante, incluso antes de comenzar a invertir en el mercado de divisas, es analizar su tolerancia al riesgo.

Todos los instrumentos financieros se caracterizan por un riesgo diferente. Por ejemplo, el precio de una acción varía con el tiempo más que el de un bono.

Desafortunadamente, esto no debe considerarse un elemento reductor. El riesgo es mucho mayor de lo que parece al principio.

De hecho, al analizar un horizonte temporal a largo plazo y considerar una inversión en acciones estadounidenses que históricamente han sido muy buenas y, por lo tanto, considerarlas como una inversión segura, siempre debemos considerar el riesgo de que podamos incurrir en la pérdida total del capital invertido durante un broma del mercado que no habíamos previsto. Por lo tanto, también debe tener en cuenta estos factores.

Aquí es mejor considerar y analizar un aspecto de inversión más ambicioso. Esto significa considerar la cartera de inversión y no el único instrumento.

Hasta la fecha, existen diferentes maneras de hacer que coexistan diferentes instrumentos. Algunos de estos también son bastante riesgosos. Por el contrario, hay otros que pueden considerarse menos riesgosos y, como tales, reducen el riesgo general de la inversión.

19. Mejorar su inteligencia financiera

Usted no nace como comerciante, pero puede convertirse en uno. Los inversores no nacen, sino que se convierten en uno. ¿Cómo? Estudiando y aplicando. Aquí, en este caso, los corredores le ofrecen la solución adecuada a su problema, cursos de capacitación profesional también gracias a las lecciones en video gratuitas como las que ofrece el corredor de opciones IQ dedicadas por completo a los mercados financieros y al comercio online.

La competencia financiera toma en consideración dos aspectos muy importantes: la competencia y el tiempo. Estos son elementos muy importantes que realmente pueden cambiar las cartas en la mesa y hacer un estilo de inversión manejable y rentable que, en cambio, para otros podría convertirse en un baño de sangre que genere ansiedad.

Respecto al riesgo y su propensión a enfrentarlo, las preguntas a realizar son 2.

- El primero es inherente al tiempo que tiene disponible para aprender y, por lo tanto, a cuánta energía está dispuesto a dedicar a sus inversiones.
- El segundo es lo ansioso que está por el dinero y la seguridad económica. En este caso, es mejor dejar de lado toda esta idea de inversión.

20. Comprar acciones de una empresa sin competidores.

Incluso este consejo puede parecer impropio, pero en realidad es muy efectivo.

Por ejemplo, nunca es recomendable invertir en aerolíneas minoristas y automotrices, en general, no se consideran buenas inversiones a largo plazo.

En la mayoría de los casos, estos son sectores comerciales en los que la competencia es muy alta. Esto significa que si miras sus balances, puedes ver cómo las ganancias son muy bajas.

En general, no invierta en compañías que generen una gran parte de su facturación en períodos específicos del año, como lo son las aerolíneas y las relacionadas con las ventas minoristas. Solo en el caso de que, en cambio, no hayan mostrado ganancias e ingresos constantes incluso en un largo período de tiempo, es conveniente hacerlo.

21. Mantengase informado sobre las novedades en el mercado.

Siempre trate de encontrar toda la información posible antes de comprar cualquier acción. Elige solo empresas que tengan cierta solidez. Elija aquellos que tienen un precio momentáneamente más bajo que su valor real. Este concepto es la esencia detrás de las inversiones. Usted compra bajo y vende alto.

Consideramos que es la piedra angular de ser disciplinado en la realización de las investigaciones y los análisis de mercado relacionados y en la evaluación del rendimiento de una inversión mediante la comprobación constante y la realización de los cambios necesarios.

Un ejemplo serían las empresas con una excelente marca, que puede ser una buena opción de inversión.

Coca-Cola, Johnson & Johnson, Procter & Gamble, 3M y Exxon son todos buenos ejemplos.

22. No mire su portafolio cada hora.

Esto es porque los mercados son volátiles; por lo tanto, no tiene que estar influenciado por el desempeño de los intercambios mundiales de divisas, porque de lo contrario, podría verse tentado a liquidar sus posiciones demasiado pronto, perdiendo una excelente oportunidad de inversión a largo plazo.

También debe considerar antes de comprar las acciones de una acción, preguntas como: Si el valor de mis acciones bajara, ¿estaría más inclinado a liquidar o comprar más?

Si decide liquidarlos, no compre ninguna otra acción.

23. Sea consciente de sus prejuicios y no permita que las emociones influyan en sus decisiones.

Siempre debe creer en lo que haces y nunca sentirte abrumado por la emoción. Siempre crea en si mismo y en la estrategia detrás de sus inversiones. Solo de esta manera, estará en camino de convertirse en un inversionista exitoso.

Todos los intercambios de divisas, como Wall Street, se centran en inversiones a corto plazo.

Por este motivo, es difícil predecir posibles beneficios futuros, en caso de que se proyecten a largo plazo.

Para calcular el objetivo de su inversión (el precio al cual vender sus posiciones), haga pronósticos con un horizonte de tiempo de más de 10 años y actualícelos con el tiempo utilizando el DCF.

24. Invertir en aquellas empresas que tienen en alta estima a los accionistas.

En la mayoría de los casos, las compañías prefieren gastar ganancias en comprar un nuevo jet personal para el CEO en lugar de pagar dividendos a los accionistas.

Un sistema de remuneración orientado a la gestión a largo plazo, "gasto en acciones", incluso si se trata de una política de inversión de capital prudente, una política de dividendos confiable, una ganancia para las acciones de crecimiento y la BVPS ("Valor de libros por acción"); son todos los indicadores de una empresa orientada hacia sus accionistas.

25. Pruebe el "comercio de papel"

En este caso, es una simulación de inversiones. En la práctica, esta herramienta realiza un seguimiento del precio de las acciones y de todas sus transacciones de compra y venta, como si realmente las estuviera operando en el mercado.

Al mismo tiempo, puede verificar sus inversiones si han generado un beneficio o no.

Una vez que haya identificado una estrategia confiable y rentable y se sienta cómodo con el funcionamiento natural del mercado, puede pasar a la fase operativa real.

Finalmente, recuerde que no está comprando y vendiendo pedazos de papel sin valor; el precio sube y baja con el tiempo; está comprando acciones en empresas reales.

Su decisión de comprar las acciones de una compañía en particular debe estar influenciada solo por dos factores: la solidez económica de la compañía y el precio de sus acciones.

26. Enfoque sus pensamientos

Cuando analice el mercado, siempre debe tratar de formular un escenario de desarrollo plausible y, en consecuencia, identificar los buenos valores para invertir. Estamos seguros de que este pasaje le sirve para hacer algunos pronósticos en algunas áreas específicas.

Un ejemplo sería la tendencia en las tasas de interés y la inflación, si no la forma en que estas variables pueden afectar el rendimiento de los productos financieros de tasa fija u otros activos. Al mismo tiempo, cuando las tasas de interés son bajas, se podría esperar que los consumidores y las empresas puedan acceder al efectivo y al crédito con mayor facilidad.

En la práctica, todo esto significa que las personas tienen más dinero para usar en sus compras y, por lo tanto, tienden a comprar más.

Al mismo tiempo, las empresas, gracias a los mayores ingresos, podrán invertir con el objetivo de ampliar sus actividades.

Por el contrario, ocurre lo contrario en el mercado de divisas. Las bajas tasas de interés conducen a un aumento en el precio de las acciones. Al mismo tiempo, una alta tasa de interés genera una disminución del valor de las acciones.

En un momento en que las tasas de interés son altas, la inversión se vuelve mucho más cara. Por lo tanto, podría intentar invertir en acciones que ofrezcan un mejor rendimiento para usted pero que no sean pesadas para los consumidores.

Un ejemplo podría ser las acciones de un banco. Si invierte en las acciones de un Banco X porque las tasas de interés son altas para usted, también debe considerar las tasas de interés que se aplican a aquellos que solicitan una hipoteca, por ejemplo. En este caso, una tasa de interés para un alto monto pronto hará que las acciones del Banco se colapsen porque no es conveniente para el prestamista. Entonces evalúe siempre todos los factores.

En resumen, los consumidores gastan menos y las empresas tienen menos liquidez para las inversiones y, por lo tanto, hay una desaceleración en el crecimiento económico o incluso un estancamiento.

27. Crear una lista de deseos

Para poder establecer sus metas financieras, siempre debe tener una idea precisa de las cosas o experiencias que desea poseer. Siempre puede elegir solo lo que desea experimentar en la vida y para lo que necesita ganar dinero.

Debe tener una lista de todo lo que desea obtener de esta inversión y luego elaborar una alineación para garantizar sus objetivos.

28. Diversifique su portafolio

Los inversores con experiencia como Warren Buffett recomiendan diversificar sus inversiones. Una opción que sirve para gestionar los riesgos de una mejor manera, como lo hacen los más prudentes que se centran en empresas de diferentes industrias y países, con la esperanza de que un mal evento no dañe todos sus títulos: "Imagínese que posee cinco compañías diferentes. Al final del año, las compañías A y B obtuvieron buenos resultados y aumentaron el valor de las acciones en un 25%. C y D en cambio aumentaron un 10%. Mientras que E fue el más desafortunado y terminó en liquidación. En este caso, la estrategia de diversificación lo ayuda a recuperar las pérdidas de su inversión total.

29. Comprender los principales instrumentos financieros.

Entre las muchas soluciones que están disponibles para aquellos que pretenden invertir, queremos hablar de: Forex, opciones binarias, ETF y productos básicos.

Procediendo por orden, aclaramos cómo funcionan las inversiones en Forex. Es el mercado más grande del mundo hoy en día. Si bien es sencillo depositar y, por lo tanto, invertir en la proporción de divisas, se sabe que los rendimientos son tan altos como la misma medida de pérdidas. Es por esta razón que siempre se recomienda a los expertos que aprovechen las demostraciones para el aprendizaje en general antes de continuar con el uso de dinero real. En cualquier caso, es un consejo para los principiantes que se centren solo en el rendimiento de un par de divisas, recordando incluir el límite de pérdida en la posición abierta para evitar pérdidas demasiado grandes.

Con respecto a las inversiones en opciones binarias, estas están disponibles para cualquiera, como la solución anterior, siempre que se preste cierta atención en estas circunstancias. Este sistema de inversión se refiere al lanzamiento de pronósticos dirigidos a la realización de una cierta seguridad en un período de tiempo determinado. Como es de esperar, el curso será positivo o negativo en los tiempos definidos por el comerciante, que puede ir desde un mínimo de 60 segundos hasta meses. Si el pronóstico es correcto, habrá beneficios bastante interesantes. Incluso aquí, para no enfrentar sorpresas desagradables, ocurre lo mismo que con el tipo de inversión anterior.

El ETF, los fondos listados en tiempo real que mencionamos, que replican el índice de una determinada canasta de valores, le permite invertir incluso con pequeñas cantidades a costos más bajos que los fondos tradicionales. Con estos, puede negociar en una amplia variedad de índices, como mercados emergentes, áreas geográficas completas, estados individuales, compañías cotizadas y más. Las ventajas de invertir utilizando ETFs residen no solo en su conveniencia, en ser muy líquidos y negociables como las acciones, sino también en los respectivos activos independientes del emisor.

30. Considérelo un asunto serio.

Realmente creo que cualquiera puede aprender a intercambiar opciones, divisas (Forex), materias primas (Commodities) o criptomonedas. De la misma manera, estoy convencido de que con este sistema, usted puede ser financieramente libre.

Pero hay que abordarlo como un asunto serio.

Permítame hacerle una pregunta: ¿cuánto estudió o trabajó para lograr la experiencia que tiene en su trabajo actual? Me imagino que estamos hablando de varios años y todavía miles de horas de estudio y práctica.

El comercio no es diferente. Al comerciar, compite a la par con las personas que lo hacen por profesión: debe tener humildad, trabajo, perseverancia, inteligencia y método. Si realmente se aplica, en unos pocos meses puede decidir renunciar a su trabajo porque puede ganar mucho dinero con algo que requiere compromiso y constancia, pero sin estresarse ni tener que pasar todo el día en los sitios de comercio.

31. "Si está indeciso, quédese quieto"

No es necesario invertir continuamente. Si no tiene ideas precisas, es mejor no hacer nada y esperar señales claras. Muchas veces, el mercado está lleno de indecisiones: mantenga la calma y acumule dinero para el futuro.

32. "Cortar las pérdidas y dejar correr las ganancias"

Esta es quizás la regla más conocida y más importante para aquellos que invierten en el mercado de divisas. Un factor indispensable para la aplicación de esta regla es la identificación inmediatamente después de la compra del límite de pérdida. Esto es lo que está dispuesto a perder con esa inversión (tenga en cuenta al determinar la excursión diaria promedio de las acciones). La aplicación fría y sistemática del límite de pérdidas, aunque sea dolorosa, lo protegerá de enormes pérdidas que harán que la venta sea cada vez más traumática y de un capital congelante que podría invertirse en otros lugares.

33. "Aprenda de sus errores"

Los errores no siempre son negativos: si sigue una estrategia con un método, si aplica los topes de pérdidas, no cometerá errores particularmente graves. Los errores son una parte integral del comercio de acciones. Necesita analizar por qué lo hizo y qué puede aprender de ello. De esta manera, una pequeña pérdida puede convertirse en una buena lección de inversión para el futuro.

34. "Tomar sus ganancias e invertirlas de nuevo"

Un par de divisas no puede crecer indefinidamente, cuando la tendencia se invierte, vendiéndose en la parte superior, habremos obtenido un beneficio evitando nuevos descensos. Si luego el título vuelve a subir, no importa, irá mejor la próxima vez. No siempre puede vender en la parte superior ya que recuerde, no puede cronometrar el mercado.

35. "Compre en el rumor y venda en las noticias"

Cuando las noticias positivas sobre un determinado par de divisas salen oficialmente, preste atención. Puede que ya sea demasiado tarde para invertir en ese título, ya que el mercado ya podría haberlo tasado.

36. No crea en "inversiones seguras"

Si alguien le dice que un par de divisas ciertamente alcanzará cierto precio, o bien no entiende mucho del mercado de divisas o solo está siguiendo sus propios intereses.

37. "Nunca se apegue emocionalmente a un par de divisas"

Algunos inversores siempre siguen un número limitado de pares de divisas que consideran más confiables que otros. No hay títulos mejores que otros, sino solo situaciones favorables y situaciones desfavorables. A menudo, en lugar de admitir un error, uno persevera en él con la consecuencia de estar muy desequilibrado en una acción. Esto es realmente malo, especialmente si está comprometido con un par de divisas en el que, en ese momento, el mercado no cree.

38. "Mantener siempre cierta liquidez disponible"

Cíclicamente nos encontramos en situaciones de varios días de declive generalizado de todo el intercambio de divisas y, a menudo, por falta de liquidez, no podemos aprovechar las excelentes oportunidades de compra. Mantenga un poco de dinero a un lado para aprovechar esas grandes oportunidades.

39. "Elija la plataforma correcta"

Una regla importante para invertir en el mercado de divisas es que la plataforma marca la diferencia. Seleccionar cuidadosamente las plataformas comerciales seguras, honestas y confiables es el primer paso para ganar dinero. Aquellos que comienzan a invertir en el mercado de divisas por primera vez deben tener cuidado de elegir plataformas que sean realmente fáciles de usar, tal vez con un soporte educativo de alta calidad. Algunas plataformas también ofrecen herramientas adicionales, como notificaciones, comercio social y herramientas de análisis gratuitas para guiar a los operadores menos experimentados.

40. "Invierta solo en los pares de divisas que entienda"

Como el "gurú" de las finanzas, Warren Buffett dijo, "nunca, nunca, invierta en algo que no comprende y, sobre todo, que no sabe". La gran mayoría de los inversionistas puede lograr sus objetivos de crecimiento de capital utilizando los instrumentos financieros más comunes, que casi siempre son fáciles de entender. Es mejor dejar las herramientas complejas a los grandes expertos en el campo.

41. "Diversifique su cartera"

Al invertir, la palabra a tener en cuenta es "diversificación". Nunca invierta en un solo título, porque si eso se hunde, su dinero llegará al mismo fin. Siempre es mejor tener inversiones diversificadas para minimizar los riesgos específicos de una empresa, un mercado, una clase de activos o una divisa. Cuanto más se diversifique menor será la probabilidad de caídas drásticas.

42. "Entender y evaluar el riesgo"

El riesgo es un componente intrínseco de cada inversión. Si no existe, no hay devolución. Ya sean bonos del gobierno, acciones o fondos mutuos, todos tienen un componente de riesgo, que obviamente será mayor si desea esperar mayores rendimientos. Entonces, si alguien le dice que hay una inversión sin riesgo, significa que es mejor obtener asesoramiento de otra persona.

43. "Mirar más allá de la inversión directa"

Como alternativa a la compra directa de acciones, es posible invertir en los índices del mercado de divisas a través de ETF (fondos mutuos cotizados, que reproducen el rendimiento de los índices de acciones y bonos), o en fondos mutuos, que ofrecen una alta diversificación incluso con un mínimo de las cantidades, le permiten invertir pequeñas acciones periódicas, por ejemplo, $100 por mes, e incluso pueden proporcionar un cupón mensual

44. "No siga a las masas"

La decisión típica de quién compra pares de divisas mediante la inversión en el mercado de divisas suele estar fuertemente influenciada por el consejo de conocidos, vecinos o familiares. Entonces, si todos los que están alrededor invierten en una compañía en particular, la tendencia de un inversionista principiante es hacer lo mismo. Pero esta estrategia está destinada a fallar a largo plazo y no es el enfoque correcto. No debería ser necesario decir que siempre debe evitar tener una mentalidad de rebaño si no desea perder dinero ganado en el mercado de divisas. El mayor inversor del mundo, Warren Buffett, tiene razón cuando dice: "¡Tengan miedo cuando otros sean codiciosos, y sean codiciosos cuando otros tengan miedo!"

45. "No trate de cronometrar el mercado"

Una cosa que Warren Buffett no hace es tratar de cronometrar el mercado de divisas, incluso si tiene una comprensión muy sólida de los niveles de precios clave del par de divisas. Sin embargo, la mayoría de los inversionistas hacen exactamente lo contrario, lo que a menudo causa pérdidas de dinero. Por lo tanto, nunca debe intentar darle una oportunidad al mercado. En realidad, nadie ha logrado hacerlo con éxito y de manera consistente en múltiples ciclos de mercado.

46. "Sea disciplinado"

Históricamente, a menudo ha ocurrido que durante los periodos de alza del mercado, ha habido momentos de pánico. La volatilidad del mercado inevitablemente ha empeorado a los inversionistas, incluso si el mercado se moviera en la dirección deseada. Por lo tanto, es prudente tener paciencia y seguir un enfoque de inversión disciplinado, así como tener en mente un panorama general a largo plazo.

47 "Sea realista y no espere"

No hay nada de malo en esperar hacer el mejor negocio, pero podría estar en problemas si los objetivos financieros no se basan en suposiciones realistas.Por ejemplo, muchos pares de divisas han generado más del 50 por ciento de los rendimientos durante la gran tendencia alcista de los últimos años. Sin embargo, esto no significa que siempre podamos esperar el mismo tipo de retorno del intercambio de divisas.

48. "Mantenga su cartera bajo control"

Vivimos en un mundo conectado. Cada evento importante que ocurre en cualquier parte del mundo también tiene un impacto en nuestro dinero. Por lo tanto, tenemos que monitorear constantemente nuestra cartera y hacer ajustes.

49. "Asegúrese de estar en el lado correcto de las cosas"

Si alguien propone una oportunidad comercial, debe verificarse como un "proyecto autorizado". En nuestro país, aquellos que ofrecen inversiones financieras deben estar autorizados por la ley, y esta es una salvaguarda importante para los ahorradores. De hecho, la autorización se expide únicamente en presencia de los requisitos solicitados y, una vez autorizados, los intermediarios financieros están sujetos a una supervisión constante. Comprobar esto no es particularmente exigente. Si tiene internet, puede acceder directamente a la información en poder de las autoridades de supervisión. De lo contrario, puede ponerse en contacto con las propias autoridades utilizando los medios tradicionales.

50. "Sea escéptico y haga sus propias investigaciones"

Nadie da nada por nada. Tenga cuidado con las propuestas de inversión que aseguran un rendimiento muy alto. A la promesa de altos rendimientos, generalmente existen riesgos muy altos o, en algunos casos, incluso intentos de fraude. Desconfíe de los "esquemas Ponzi" que prometen beneficios vinculados a la posterior adhesión de otros sujetos, que a menudo deben ser convencidos por el propio inversor para unirse. Estas "operaciones", de hecho, no pueden garantizar ningún tipo de devolución, ya que normalmente son proporcionadas exclusivamente por la continuidad de las adhesiones. En otras palabras, cuando las nuevas firmas ya no son suficientes para pagar los "intereses" a los suscriptores anteriores, los esquemas están destinados a fallar. Tenga cuidado con las propuestas de inversión vagas y genéricas, para las cuales los métodos para usar el dinero recaudado no se explican en detalle (qué tipo de valores se comprarán, a qué precios, en qué mercados, con qué perfiles de riesgo - tasa de interés, moneda extranjera, tipo de cambio o contraparte - y qué instrumentos de cobertura se utilizarán para cubrir dichos riesgos).

Según Warren Buffett, los pares de divisas una vez comprados no deben venderse. Por lo tanto, es mejor evaluar las tendencias industriales a largo plazo y luego comprarlas, dejando de lado el entusiasmo de los pasajeros.

51. "Al invertir en bienes raíces, conozca el área en la que está invirtiendo"

Para empezar, es bueno que se concentre en su área de residencia o, si vive en una gran ciudad, incluso en su vecindario o en una zona que conozca bien. Si piensa actuar en un campo de acción demasiado grande, corre el riesgo de dispersar demasiada energía hacia algo que puede presentar soluciones totalmente diferentes. Dedíquese solo a los edificios residenciales, apartamentos o casas. Los comerciales, incluso si pueden ser muy rentables, tienen otras reglas y en general mayores dificultades. Lo mismo para la tierra, puede hacer grandes negocios, pero no es algo adecuado para aquellos que comienzan.

52. "Elija el apalancamiento correcto y úselo en su beneficio"

Las inversiones inmobiliarias deben hacerse con apalancamiento. Si desea hacer una inversión solo con su dinero, entonces la esencia de la inversión inmobiliaria no es la opción más clara para usted. De hecho, el concepto de apalancamiento financiero le permite invertir con dinero que no es suyo, sino que lo hace directamente para usted. Aproveche una herramienta económica que le permite llegar a donde no lo haría solo y con su propia fuerza. Puede obtener una hipoteca (si puede pagarla) o contratar socios financieros. Puede parecerte extraño, pero no lo es en absoluto. Incluso los más ricos necesitan socios y recuerden que una figura que parece casi inimaginable para usted, puede ser normal para otra persona.

53. "Verba volant, scripta manent" decían los latinos

Nunca hagas acuerdos verbales, incluso si es un pariente o un amigo de la infancia. Consulte a un abogado para tener las plantillas de los documentos a utilizar. Como todo, al principio parecerá difícil, pero después de hacerlo algunas veces, se convertirá en un experto en prácticas legales básicas para la venta de bienes raíces y podrá crear documentos en muy poco tiempo, incluso por usted mismo.

54. "Considera posiciones más rápidas"

En el universo de renta fija, un enfoque de corta duración es potencialmente capaz de reducir la sensibilidad al aumento de las tasas de interés, a la vez que optimiza la relación rendimiento/riesgo.

55. "Conozca su relación riesgo/recompensa"

Un rendimiento más alto puede ser tentador, pero debe asegurarse de no asumir demasiados riesgos en relación con la remuneración que obtendría. En los mercados de bonos, esto significa evitar alargar la duración en un contexto de aumento de las tasas de interés. El aumento de las inversiones en activos más riesgosos puede parecer apropiado en ese momento, cuando el escenario macroeconómico es bastante positivo, pero podría convertirse en una opción bastante arriesgada si la situación cambia. Por ejemplo, los rendimientos ofrecidos por la deuda de alto rendimiento, en promedio 3% en Europa y 5,5% en los Estados Unidos, no serían suficientes para compensar a los inversionistas si las insolvencias pasaran de su nivel actual de 2% a uno más normal como de los 5 %. Por el contrario, las áreas de mercado con un buen perfil de riesgo/rendimiento, con emisores con altas calificaciones que ofrecen rendimientos atractivos, incluyen deuda de mercados emergentes, bonos financieros subordinados y bonos corporativos híbridos. Apuntar a la calidad a largo plazo permite asumir riesgos justos, ayudando a limitar el impacto de cualquier evento macroeconómico negativo.

56. "Tenga en cuenta el par de divisas"

Las inversiones globales se exponen a riesgos cambiarios. Los bonos de alto rendimiento y los fondos de mercados emergentes, por ejemplo, generalmente están denominados en dólares estadounidenses, pero los bonos subyacentes que poseen pueden emitirse en otra moneda. Los gestores de fondos pueden optar por incluir el riesgo cambiario en el riesgo general de la cartera a medida que fluctúan los tipos de cambio o decidir contener este riesgo a través de la cobertura de la moneda.

57. "Mantengase flexible, guarde algo de dinero en efectivo"

Es importante tener la flexibilidad para suscribir y liquidar operaciones para aprovechar las mejores oportunidades. Sin embargo, las tarifas comerciales son caras y pueden erosionar rápidamente las ganancias. Esto sucede sobretodo en los mercados de bonos, dados unos niveles relativamente bajos de rendimiento. El margen de oferta y demanda es en promedio de 30-40% del rendimiento, por lo que un exceso de operaciones erosiona este margen y, obviamente, reduce el rendimiento total. Incluso mantener carteras con una duración estructuralmente corta, lo que permite que los bonos a corto plazo alcancen su vencimiento de forma natural, puede mejorar los rendimientos porque efectivamente pagará el margen de oferta y demanda de una sola vez.

58. "Construya su cartera con el tiempo"

Si comerciar con una pequeña suma, como $5000, no le permitirá vivir con ese ingreso, sin duda puede representar una oportunidad para ganar dinero. Además, incluso si tiene una buena disponibilidad económica, lo ideal es siempre "llevarlo con seguridad", comenzar a invertir desde pequeñas cifras y luego impulsar la inversión con el tiempo.

59. "El pasado no es igual al futuro"

La historia no es indicativa de cómo una inversión resultará en el futuro y los inversores siempre deben tratar de sopesar los riesgos potenciales asociados con una inversión en particular, así como sus posibles retornos.

Capítulo 9: Mirando Más Allá de Forex - Cómo crear Una Riqueza Real

¿Cómo diversificar sus inversiones? Es una buena pregunta que todos los inversores se hacen. Después de todo, debemos comenzar con otra pregunta: ¿por qué es importante diversificar sus inversiones? Simple: para reducir riesgos. No hace falta decir que invertir en varios activos diferentes implica una mejor distribución del riesgo. Entonces, si, por ejemplo, una acción es una pérdida, siempre tendremos la esperanza de que un metal precioso esté aumentando.

A continuación, trataremos de ofrecer una imagen completa sobre cómo diversificar sus inversiones, para así comprender mejor por qué es importante diversificar esas inversiones realizadas por usted.

¿Por qué es importante diversificar? Hemos dicho que esta práctica es útil para reducir los riesgos de inversión. El mundo actual está globalizado, por lo que incluso los intercambios de divisas se conectan entre sí de una manera extrema. Por lo tanto, la crisis de un intercambio lleva consigo a todos los demás. Además, el mundo de hoy, especialmente desde la década de 1990 con el colapso del Muro de Berlín, se ha vuelto económicamente muy variable e impredecible. La lógica que impulsa la diversificación responde a la imposibilidad de conocer de antemano el rendimiento futuro de nuestras inversiones. Una variable en la que, sustancialmente, se encuentra el riesgo de cada inversión. La idea básica de minimizar los riesgos derivados de esta incertidumbre consiste en dividir sus inversiones en diferentes proyectos, y así distribuir el riesgo vinculado al rendimiento de las inversiones individuales.

Además, cada activo está vinculado a múltiples variables. Por ejemplo, las acciones están estrechamente relacionadas con el desempeño de una empresa. Lo cual, muchas veces, también esconde su situación financiera real. O con las materias primas agrícolas, solo basta una bacteria que destruya el cultivo para provocar un colapso. Respecto a la extracción de petróleo, solo basta el desastre de una plataforma o una huelga de los trabajadores para provocar el colapso del rebaño. ¿Y qué pasa con un golpe de estado o resultados electorales inesperados?

¿Cómo diversificar sus inversiones? Antes de encontrar una respuesta, es necesario comprender que las inversiones se dividen en 5 grandes áreas:

1. Valores

Área que consta de todas las acciones, fondos, fondos cotizados (ETF), valores individuales.

2. Bienes raíces

Esta área incluye instrumentos financieros relacionados con bienes inmuebles.

3. Productos básicos

Para los productos básicos, nos referimos a todos aquellos productos relacionados principalmente con el suelo, que luego se pueden cultivar. Como el café, el cacao, el azúcar, la soya, el trigo. Pero también al subsuelo, como los campos de energía como el petróleo, el gas, etc.

4. Metales preciosos

Los metales preciosos incluyen, como se puede adivinar, oro, plata, platino.

5. Bonos

Los bonos incluyen tanto títulos del gobierno como bonos emitidos por compañías privadas.

Invertir significa hacer elecciones precisas, seleccionando un activo en lugar de otro. Si invierto en propiedad de acciones, significa que estoy deduciendo dinero de los otros 4 mercados.

Sin embargo, siempre se debe tener en cuenta que el dinero es algo infiel. Porque si hoy está dirigido a un tipo de inversión, mañana se moverá hacia otro. Entonces, si hoy los metales preciosos son buenos, mañana o tarde o temprano iremos a las materias primas. Para mañana, obviamente, queremos decir después de unos años. Así que es como unos compromisos de unos años. Pero cuando cambia de socio, termina traicionando a miles de millones de personas que creían en esa área de inversión. Y cada vez, es un golpe severo, porque los valores colapsan.

La historia está llena de tales traiciones. En 2007, por ejemplo, pasó a propiedades y acciones. Y este último también colapsó en el 2000. En 1980, sin embargo, fue el turno del oro. Por supuesto, las historias de amor también se prolongan, como la del mercado de divisas que comenzó en 1984 y llegó al 2000. O como la que se inició en el año 2000 hasta 2007 en bienes raíces. Recientemente, sin embargo, el dinero parece haberse unido a los metales preciosos.

Por lo tanto, el dinero se mueve cíclicamente e incluso si puede ocurrir que "se enamore" con más áreas de inversión, lo hará más claramente hacia un área. ¿Cómo defenderse de la volatilidad del mercado? Seguramente investigando y capacitándose lo más posible, leyendo las noticias económicas, observando los países en los que se puede invertir (considerando su estabilidad económica y política, por ejemplo) o las empresas en crecimiento. Entonces es recomendable confiar en un asesor financiero confiable para construir su cartera en conjunto.

¿Cuáles son los mejores activos para diversificar sus inversiones? Los expertos generalmente colocan a MTB (acrónimo de los bonos del Tesoro de varios años) en primer lugar. Aunque el mercado estatal de cupones está en constante evolución. En este momento histórico, es preferible invertir pequeñas cantidades a largo plazo. Sin embargo, vale la pena destacar que estos valores siguen siendo la inversión más segura hasta la fecha, permitiendo un retiro regular de cupones con devoluciones.

Si, en cambio, deseamos resultados más rápidos y más sustanciales, entonces se recomienda el mercado de divisas. Sin embargo, hay que decir que los grandes rendimientos también corresponden a riesgos de inversión mucho más altos. Así que tenemos que reflexionar perfectamente sobre cuánto invertir y en qué instituciones o empresas. Las propiedades aún deben evitarse, ya que, después de la burbuja de la última década, han perdido valor. Aunque, también debe agregarse que el mercado cree que cuando el precio cae, es el momento adecuado para comprar. Sólo para obtener una entrada mensual regular a través del alquiler o vender cuando el mercado vuelva a ser alcista.

Los bonos son otra alternativa, pero deben estar "garantizados" y no están sujetos al desempeño de las compañías a las que están afiliadas. Finalmente, el oro es siempre un buen refugio, al igual que otros materiales preciosos o pinturas valiosas.

¿Cómo diversificar nuestras inversiones a través de ETF? Muchos inversores creen, ingenuamente, que es suficiente aumentar el número de inversiones para mejorar la diversificación de la cartera. Pero esta es una simplificación peligrosa. Si invertimos nuestros ahorros en valores individuales, ya sean acciones o bonos, se debe aumentar la cantidad de productos que se incluirán en la cartera para minimizar el riesgo asociado con cada una de las inversiones realizadas.

Por otro lado, si invertimos nuestros ahorros en fondos mutuos activos o fondos pasivos como los ETF, podemos lograr una gran diversificación al reducir el número de instrumentos. Cada fondo (o ETF) es de hecho un contenedor de instrumentos financieros, por lo que con unos pocos productos, podemos dividir nuestra cartera en cientos de valores diferentes.

Las principales características de los ETFs son:

- Manejo pasivo
- Su cotización en el mercado de divisas como acciones y bonos.

Con el primero, se pretende que su retorno esté estrechamente vinculado a la lista de un índice de intercambio de divisas y no a la capacidad de compra y venta del administrador del fondo. El índice de acciones puede ser capital, productos, bonos, monetarios u otros. El trabajo del administrador se limita a verificar la consistencia del fondo con el índice de referencia, pero también corregir el valor en caso de desviaciones. La diferencia entre el precio del fondo y el del índice de referencia es del orden del 1 o 2%.

Por lo tanto, la "gestión pasiva" hace que los ETFs sean muy baratos, a lo que se agrega su gran diversificación y sus operaciones con acciones. Todo esto los hace competitivos en comparación con invertir en acciones individuales y menos riesgosos. Sin embargo, también existe una falta de apalancamiento especulativa o de inversión invertida. Los ETF son muy convenientes ya que permiten invertir en muchos sectores económicos: liquidez, índices de bonos, mercados geográficos de acciones, materias primas, sectores de materias primas.

Ejemplo de diversificación de inversiones.

Supongamos que tenemos un capital para invertir de $500. Y así decidimos diversificar las inversiones en partes iguales entre los 5 activos. Ahora digamos que para cada activo la tendencia fue la siguiente:

Valores: + 7%

Propiedades: - 6%

Productos básicos: - 10%

Metales preciosos: + 21%.

Bonos: + 3%

Ahora, al realizar un cálculo de los $100 invertidos por activo, obtendremos los siguientes resultados: $ 107 + $ 94 + $ 90 + $ 121 + $ 103 = $ 515 en total

Por lo tanto, habremos ganado $ 15 o 3% en nuestro capital invertido inicial. ¿Cómo se debe considerar nuestro resultado? Depende de nuestras ambiciones. Si jugamos para no perder, seguramente estaremos satisfechos. Si somos comerciantes que estamos contentos con poco, estaremos satisfechos. Si, en cambio, hacemos un cálculo más general, tal vez considerando un aumento en los gastos personales durante el año, etc., tendremos una media reacción: no hemos perdido, pero tampoco hemos ganado. Si, por el contrario, somos comerciantes expertos, entonces ese 3% nos parecerá miserable. Finalmente, si somos comerciantes que queremos impulsar nuestras ganancias, entonces estaremos completamente insatisfechos. Y pensaremos que tal vez haber invertido solo en metales preciosos nos hubiera generado ganancias de $ 605.

Todo esto para decir que la respuesta a la pregunta de nuestra satisfacción o no depende de nosotros mismos y de nuestras ambiciones. Pero claro, también de nuestra formación. De hecho, si somos principiantes, entonces está claro que por temor, tenderemos a distribuir nuestro dinero por igual. Pero si tenemos la experiencia y la capacitación adecuadas sobre el tema, tendremos la nariz para invertir solo en uno o dos activos. Aquellos que consideraremos los ganadores.

Capítulo 10: El Secreto para Hacer Crecer su Cuenta de Forex

El interés compuesto es una de las herramientas más poderosas a su disposición, así que estudielo cuidadosamente. Es un interés que no se cobra, pero se agrega al capital inicial que lo generó para ser negociado nuevamente.

Esto significa que durante el período posterior al que generó los intereses, los intereses se negociarán y acumularán no solo sobre el capital inicial sino también sobre los intereses devengados en el primer período.

En un período posterior, la discusión no cambia, los intereses siempre se acumularán en el capital inicial, a cuyo capital se suman también los intereses devengados en el primer período y los intereses devengados en el segundo período (que a su vez se han acumulado intereses del primero período).

Cómo calcular los intereses compuestos

Supongamos que tiene la oportunidad de negociar con un capital inicial de $10,000. En este caso, elegirá un plan de inversión que puede garantizar un rendimiento mínimo del 10% anual durante 5 años. Durante el primer año, usted decide eliminar los intereses devengados de la inversión.

En este punto, después de los primeros 5 años de inversión, habrá recaudado $1000 por año durante 5 años, que junto con el capital inicial hacen un total de $ 15,000.

En el caso de que, por otro lado, se decida intercambiar los intereses nuevamente, explotando el sistema de interés compuesto, tendrá que al final de los 5 años, el capital total sea de $ 16,105.10.

En el caso de que el capital completo se canjee nuevamente por otros 5 años, tendrá un capital total de $ 20,000, utilizando la primera estrategia, mientras que al reinvertir el interés también podría alcanzar la cifra de $ 25,937.42.

Negociar Hoy en día con intereses compuestos

Los intereses compuestos necesitan un tiempo suficiente para funcionar mejor. De hecho, el tiempo es un factor fundamental para ellos.

La paciencia y el tiempo justo son dos factores muy importantes para permitir que los intereses maduren significativamente en sí mismos.

También podemos considerar el comercio de interés compuesto con el comercio social. El proceso de inversión será el mismo, para la mayoría de las transacciones, en función del capital de inversión.

Suponiendo que obtengamos un rendimiento mensual del 5%, también decidimos negociar los intereses, intercambiando y aumentando de esta manera el peso de las transacciones que se replicarán.

Por lo tanto, según lo que se ha indicado hasta ahora, podemos decirle que el tiempo es bueno para usted y que cuanto más aprenda a usarlo, más vale la pena.

Ahora, lo primero que debe hacer es comprender que los intereses compuestos también son una forma de inversión y que los intereses compuestos son una excelente herramienta para aumentar el capital.

Si cree que si tiene un capital modesto o tiene un capital para negociar y espera obtener intereses exagerados, entonces realmente está completamente fuera del camino.

Un enfoque más científico

¿Qué es el interés compuesto? No todos pueden saber cómo responder inmediatamente a esta pregunta. De hecho, si todos saben cuál es el interés simple, es decir, el que se retira al final de la unidad de tiempo acordada, son menos los que saben cuál es el interés compuesto, cómo funciona y, lo que es más importante, cómo aprovecharlo.

El ejemplo de una cuenta bancaria es esclarecedor.

Si el 1 de enero tengo una tasa neta de 1% en mi cuenta, al final del año tengo $101. El dólar más se agrega al capital y, si las condiciones no cambian al final del segundo año, no tendré $102, sino $ 102 y 1 centavo donde el centavo representa el 1% del dólar acumulado después del primer año.

Hasta ahora, todo está claro, pero la mayoría de nosotros no podemos calcular el interés compuesto de una inversión y tendemos a tratarlo como un interés simple. Esto se debe a su inicio lento, que especialmente con capital pequeño, tiende a ser tratado como "irrelevante". Sin embargo, no hay nada más malo que un inversionista pueda hacer.

Si, por ejemplo, después de 5 años de inversión, mi capital de $100 es ahora de $140, podemos creer que el interés fue del 8% anual.

Esto es incorrecto porque, al hacerlo, no tenemos en cuenta que al final de cada período el interés acumulado se ha ido para aumentar el capital. Si el interés hubiera sido realmente del 8%, componiendo los 5 años habríamos tenido:

Capital inicial: $100

- 1er año: $108
- 2do año: $116.64
- 3er año: $125,97
- 4to año: $136.04
- 5to año: $146.93

La diferencia ($6.93) representa casi el 7% del total. Como puede ver, es fácil deslumbrarse (y lo que es peor, incluso "sufrir"), si por alguna razón se nos ofrece un interés simple por un interés compuesto.

Las matemáticas detrás del interés compuesto: un ejemplo fácil

Supongamos que tenemos un capital inicial de $1,000. El capital produce un interés del Y% y este interés se calcula sobre una base anual.

¿Cuál será el valor de la inversión después de X años?

La fórmula de cálculo es la siguiente:

(1) IV = CP $(1 + Y) \wedge X$

IV es el valor de la inversión después de X años, mientras que CP es el capital inicial. Y se expresa como un porcentaje, es decir, 0.04 indica 4%. El símbolo $\wedge$ es el símbolo de la elevación al poder.

El cálculo inverso tiende a encontrar el interés en Y de una inversión que ahora (neta de inflación) vale IV contra un capital invertido en CP hace X períodos (años). La fórmula es:

(2) $Y = (IV / CP) \wedge (1 / X) - 1$

Supongamos que, después de la inflación, los $1,000 invertidos hace 5 años ahora tienen un valor de $ 1,400, inmediatamente se tiene que el rendimiento fue de 6.96%.

Echemos un vistazo a otro ejemplo.

Marie acaba de tomar el sueldo y finalmente puede comprar el aire acondicionado que necesita.

Pero su amiga Julie la llama para decirle que tiene una necesidad urgente con la que no puede lidiar de inmediato y le pide que le preste $ 1,000.

Marie está indecisa porque esto significaría esperar un mes más antes de poder hacer su compra.

Para resolver el problema, las dos niñas acuerdan el préstamo siempre que Julie devuelva el dinero a Mary con un 5% de interés (los números son puramente aleatorios para los fines del ejemplo).

De esta manera, Marie tiene un mayor incentivo para retrasar su compra.

Cuando Julie devuelva la suma prestada, recibirá $ 1,050 en lugar de $ 1,000.

Al mes siguiente, Marie puede comprar el aire acondicionado y, para celebrar, usar los $ 50 dólares para salir a cenar con su novio.

En resumen, al final, ¡este reconocimiento por el uso diferido no fue malo!

Ahora que entendemos el concepto detrás de la tasa de interés, es bueno ingresar un poco más en detalle y hacer algunas distinciones.

En este sentido, podemos dividir la tasa de interés en dos categorías amplias:

- El interés simple
- Los intereses compuestos

Interés simple

Volvamos al ejemplo anterior.

Al final del período, Julie devuelve el dinero más el interés a Mary. Poco después, sin embargo, la niña vuelve a pedir la misma cantidad para comprar un refrigerador nuevo, ya que el viejo se rompió de repente.

Marie acepta devolverle el dinero a su amiga.

El mes siguiente, Julie firmó su deuda más nuevos intereses, nuevamente por un total de $1,050.

Ahora Marie está con su capital inicial, más $ 100 en intereses, por un total de $ 1,100.

El interés se define como simple cuando, una vez que ha madurado en el capital subyacente, no genera más interés.

En nuestro ejemplo, observamos que los primeros $ 50 no se agregaron al capital prestado la segunda vez.

Interés compuesto

Cambio de escenario.

Julie le pide a Marie que le preste $ 1,000 con la promesa de devolverlos en dos años.

Mary está de acuerdo, siempre que Julie acepte un interés compuesto sobre el capital prestado.

En este caso, Julie no tendrá que pagar los intereses inmediatamente al final del primer año, pero agregará los $ 50 en el capital, que a su vez acumulará el 5% en el segundo año.

Al final del período acordado, Julie debe devolver:

$ 1,000 de capital

Interés de $ 50 para el primer año ($ 1,000 + 5%)

$ 52.50 de interés para el segundo año ($ 1.050 + 5%)

El capital total que se devolverá a Mary es, por lo tanto, de $ 1,102.50.

Aquí hemos materializado $ 2.50 más que en el ejemplo anterior, debido al interés compuesto.

El interés se define como compuesto cuando, una vez que ha madurado en el capital subyacente, se agrega a este último y contribuye a generar un mayor interés en el futuro.

¿Entiende por qué el interés compuesto es su nuevo mejor amigo?

Cuando deposita su dinero en la cuenta bancaria, está actuando como Marie, es decir, está "prestando" su dinero al banco, que lo utiliza para realizar su función de crédito y prestarlo a personas y empresas.

Como recompensa por este servicio, se le otorga un interés en las sumas depositadas, es decir, una recompensa por el hecho de que demora su uso.

Cómo aprovechar el interés compuesto.

Si no desea que la inflación consuma una buena parte del valor real y el poder adquisitivo de su dinero, debe asegurarse de que estos últimos acumulen intereses compuestos a lo largo del tiempo.

Ciertamente, como parte de la liquidez a su disposición, puede depositar en una o más cuentas de depósito, o cuentas con operaciones limitadas, donde, sin embargo, se reconocen tasas de interés más altas.

Por ejemplo, podría depositar su fondo de emergencia.

El resto, sin embargo, lo debe invertir en una cartera de instrumentos financieros eficientes que protejan su capital y creen valor agregado.

Por lo tanto, el interés compuesto debe ser explotado por al menos dos razones:

- Aumentar los ahorros mientras espera su uso.
- Defenderse contra la inflación.

Por lo tanto, una cosa sabia es explotar el poder del interés compuesto para hacer que el valor de su dinero crezca más rápido, protegiéndolo de la pérdida del poder adquisitivo.

Trate de mantener solo pequeñas cantidades en cuentas bancarias que le den poco o nada.

Puede dejar la liquidez adecuada para sus gastos diarios y para el fondo de emergencia.

Conclusión

Gracias por llegar hasta el final de *Forex Trading*. Esperemos que haya sido informativo y pueda brindarle todas las herramientas que necesita para alcanzar sus objetivos financieros.

El siguiente paso es comenzar a aplicar lo que ha aprendido durante el curso de este libro y hacerlo de inmediato. Nuestra sugerencia es siempre abrir una cuenta de demostración en un corredor y hacer algunos intentos, antes de poner dinero real en ella. Recuerde que nunca debe arriesgar más de lo que puede permitirse perder, así que administre su capital con prudencia.

Si sigue las estrategias y técnicas expuestas en este libro, pronto estará en el camino de ganar $ 10,000 al mes con el comercio de divisas.

Esperamos que encuentre estas lecciones valiosas y que obtenga la información que estaba buscando. Dejar que su dinero trabaje para usted le dará una sensación increíble, especialmente al principio, cuando obtenga las primeras ganancias. Estamos encantados de que comience y no podemos esperar a ver sus resultados.

Descripción

¿Estás atrapado en una carrera de ratas? ¿Quiere empezar a negociar y vivir una mejor vida? ¡Entonces este libro es para usted!

Gracias a las increíbles estrategias presentadas en este libro, aprenderá las mejores y más poderosas estrategias comerciales para crear abundancia en su vida. Verá, la mayoría de las personas pasan el día intercambiando su tiempo por dinero y teniendo una vida miserable que no pueden cambiar.

Pero usted es diferente. El hecho de que esté buscando soluciones prácticas para sus problemas financieros significa que está en el camino correcto hacia el éxito y este libro se asegurará de que obtenga resultados reales muy rápidamente. Miles de estudiantes han logrado sus objetivos al dominar las estrategias y técnicas de negociación que se ven en el libro, que incluyen los pequeños detalles que pueden hacer o deshacer su negociación al tiempo que proporcionan pasos prácticos.

☆☆ Esto es lo que aprenderá ☆☆

La mentalidad correcta para lograr y vivir el estilo de vida de un negociante;

Cómo negociar en Forex como un profesional;

Cómo analizar gráficos con un análisis técnico y un análisis fundamental;

Cómo alcanzar 10k al mes en beneficio de Forex;

Cómo gestionar su capital y el riesgo;

El poder del interés compuesto;

Cómo aprovechar su posición con el comercio de margen;

¡Mucho más!

Cada capítulo se dedica a pasos prácticos que le permitirán configurar su primera cuenta de operaciones y ser rentable desde el principio.

¿Que esta esperando? ¡No espere más! ¡Desplácese hacia arriba y haga clic en el botón de comprar ahora para comenzar el viaje a la vida de sus sueños!

www.ingramcontent.com/pod-product-compliance
Lightning Source LLC
Chambersburg PA
CBHW071318220526
45468CB00001B/416